お金｜健康｜生きがい

定年の教科書

ファイナンシャルプランナー
日本年金学会会員
長尾義弘

ライフエレメンツ
代表取締役
福岡武彦

Essential Things
You Need After
Retirement

河出書房新社

デザイン
こやまたかこ

◆

図版
鶴田環恵

◆

協力
岩瀬晃子

◆

イラスト提供
ピクスタ

はじめに——疑問や不安を抱えたままでは何も解決しません

定年を迎えた人、そしてこれから迎える人。

定年を境に、いままでとは生活がガラリと変わります。それを楽しみに感じている人もいれば、不安がいっぱいという人もいるでしょう。

しかし、そうした不安に対して、なんらかの準備をしていますか？

「お金の不安」「健康の不安」「孤独の不安」……など、不安は人それぞれだと思います。

多くの方は「まあ、なんとかなるだろう」と、問題を先送りにしているのではないでしょうか。

というよりも、対処のしかたがわからなかったり、そもそも不安の中身がつかめていないのが現状なのだと思います。


「何となく不安があるけれど、その正体がよくわからない」

「老後資金はもっと貯めたほうがいいと思うけれど、どのくらい貯めたらいいのかわからない」

「年金で損をしたくないけれど、しくみが複雑そうで、よくわからない」

「要介護になったときが心配。でも、どんな準備が必要なのかわからない」

「無趣味で、やりたいことがこれといってない。定年後の時間をどうやって使えばいいのかわからない」


なにぶん初めての経験ですから、「不安」「疑問」「憂《うれ》い」「戸惑《とまど》い」「畏《おそ》れ」など、さまざまな思いが入り乱れます。とはいえ、これらの悩みは、座して待っていても解決は訪れません。まず、漠然《ばくぜん》とした「不安」「悩み」「疑問」といったものを明確化してみましょう。

本書では「お金」「健康」「生きがい」という定年後の3大テーマを扱っています。定年後にどんな問題があるのか、そしてどんなことを考え、何が必要なのかについて〝気づき〟を促《うなが》す構成になっています。じつは、この3つの問題を解決できれば、悩み・不安の90％以上が解消するといっても過言ではありません。

「お金」「健康」「生きがい」は、まったく別々の問題のように思えますが、実際は深く関わっているのです。

「健康を害すると、介護が必要になる。すると、介護費用が心配になってくる。さらには気分が落ち込み、要介護になったときの孤独感に苛《さいな》まれる」

こんなふうに「健康」→「お金」→「生きがい（孤独）」はリンクします。ひとつだけ解決したところでダメな場合もありますし、逆に、ひとつを解決すると全部がクリアされることもあります。

「介護保険を理解し、ケア体制を知ったおかげで、費用がそれほどかからないことがわかった。それで気持ちも前向きになり、コミュニケーションが増えた」といった具合に、ひとつの突破口からすべてがよい方向へ向かうこともあるのです。

また、相続や不動産の手続きなどは専門的な知識も必要です。そこで、専門家に頼る際の注意点や手立ても記しておきました。

本書が問題解決の糸口になり、「定年後の人生を楽園へとつなげる」ことを切に願います。

定年の教科書　目次

Prologue
定年の正しい歩き方とは

Part 1

お金 定年後の老後資金・年金の不安を解消する

Part 2 健康 介護・認知症の不安にどう備えるか

Part 3

生きがい 老後をバラ色に変える生き方とは

Part 4 悩み・不安を解消する専門家との橋渡し

本書のデータは、２０２０年11月時点の数字です。
制度改正により内容が変更になることがあります。

Prologue

定年の正しい歩き方とは

「定年後は余生」なんて、とんでもない！第二の人生のスタートです

「定年後は、ノンビリと余生を過ごしたい」なんて考えていませんか。

「人生100年時代」といわれている今、その考え方は甘い！

平均寿命は男性が81・41歳で、4人に1人は90歳を超えて生きます。女性は87・45歳とさらに長く、4人に1人が94歳まで生きます（2019年簡易生命表）。また、1963（昭和38）年に100歳を超えている人はわずか153人でしたが、2020年には8万人を超えるほどに増えています。

平均寿命は、これからもどんどん延びていくことが確実です。50代の人が80代になる30年後には、100歳まで生きるのが当たり前という時代がやってくるかもしれません。

現在は60歳で定年を迎え、65歳まで再雇用で働くスタイルが一般的です。95歳まで生きるとしたら、65歳からは30年あります。100歳なら35年です。

定年後に人生のなんと3分の1が、まだ残っているのです。余生と呼ぶにはあまりにも長い時間だと、おわかりいただけるでしょう。30年を日数に直すと、約1万960日です。ひたすらぼ〜っと過ごしていてはもったいない。定年を機に、第二の人生の望ましいビジョンを考えていきましょう。

人には3つの寿命がある「生命」「健康」「資産」

人には3つの寿命があるのをご存じでしょうか。

それは「生命寿命」「健康寿命」「資産寿命」です。

「生命寿命」は、まさに死ぬまでの期間です。いつ死ぬのかは誰にもわからないので、目安として平均寿命を使います。

「健康寿命」は、健康上の問題によって何らかの制限をされることなく日常生活を送れる期間です。つまり平均寿命と健康寿命の差が「健康ではない期間」になります。

平均寿命は延びているのですが、健康寿命がそこまで追いついていないのが現状です（Part2「健康」で詳しく述べます）。

「資産寿命」は、老後資金がいつまでもつかということです。

定年後は就労で得る収入がなくなり、年金が収入の中心になります。年金だけで生活費が足りないときは、老後資金を取り崩す必要があります。そのため、老後資金は大切なのです。

たとえば、2000万円の老後資金があった場合、毎月5万円を取り崩したとすると、5万円×12か月×34年＝2040万円。

65歳からだと98歳くらいまでは、なんとかもちます。

ところが、毎月8万円を取り崩したら、21年で2000万円を超えます（8万円×12か月×21年＝2016万円）。

つまり、86歳で資産寿命がつきてしまう計算になります。

資産寿命は、できるだけ長く延ばしておきたいものです。死ぬまで老後資金がつきなければいいですね。健康寿命が先につきても困ります。不健康なまま生きることになるからです。

生命・健康・資産。この3つが同時につきるのが、理屈上は理想的でしょう。

平均寿命と希望寿命の意外な差とは

　老後が天国になるか地獄になるかは、定年前の準備にかかっているといっても過言ではありません。

「人生100年時代です。長生きのリスクを考えましょう。定年後の長い時間に備えましょう」などとセミナーでお話しすると、こんな反応が返ってくることがあります。

「備え？　オレはそんなに長生きしないから大丈夫」

　その根拠はどこにあるのでしょう。「医者から余命宣告をされているんですか」と、尋《たず》ねたくなってしまいます。

　人がいつ死ぬかは誰にもわかりません。自分の寿命がわかっていれば人生のプランも立てやすいですが、これればかりは知りえないことです。その人は本当に長生きしないかもしれません。けれど、100歳まで生きるかもしれないのです。

「いつまで生きたいか」――いわゆる希望寿命についての調査があります。

BIGLOBEの「年齢に関するアンケート調査」（2018年）によると、希望寿命は77・1歳でした。平均寿命と比べると、ずいぶん若い年齢です。

なぜ、このような開きがあるのでしょう。

アンケートでは、約8割の人が老後に不安を感じています。つまり、「不安がある」ので「長生きしたくない」という考えで、希望寿命が短くなっているのです。たしかに早死にすれば、老後を心配する必要はありませんからね。

しかし、現実を見てください。平均寿命から考えると、希望どおりにいかない可能性は大いにあります。

「老後が不安」は「お化けが怖い」と同じ

生命保険文化センターの「生活保障に関する調査」（2019年）によれば、84・4％の人が老後生活に不安をもっています。男性は81・9％、女性だと86・4％という結果になっています。平均寿命が長いせいか、女性のほうが不安に思っているようです。

メットライフ生命の「老後を変える全国47都道府県大調査」（２０１９年）では、81・5％の人が老後に不安を感じていて、その不安の中身は、1位が「お金」、2位が「健康」です。

また、セコムの「老後の不安に関する意識調査」（２０１８年）では、不安を感じている人は87・2％となっています。こちらは「病気やケガなどの健康不安」が1位、「経済的な負担に関する不安」が2位でした。

前述したBIGLOBEのアンケートでも、約8割の人が不安を感じており、「お金」「健康」「介護」などを挙げています。

どの調査も似たような結果です。ここからわかることは、ほとんどの人が老後に対して不安を抱いていること。そして、不安の大きな要素は「お金」と「健康」であることです。

では、どうして不安を感じるのでしょう。

私は「老後の生活がイメージできていないから」ではないかと思います。現役時代は、会社にいってあれとこれをやって、来年は息子が受験だから準備をして……と、だいたい想像がつきます。しかし、80歳、90歳になった姿は、なかなか想像しにくいですよね。

正体がわからないから怖いのです。それは「お化けが怖い」と同じ感覚ではないでしょうか。「あそこで揺れているのは木の枝だ」とわかれば、恐怖は消えます。

つまり、老後の正体を知る、イメージすることができれば、怖くなくなるのです。

そのためには、老後生活の「可視化《かしか》」が必須です。先々がイメージできるので、どうしたらいいのかが見えてきます。とくに、お金は可視化しやすい分野です。

不安がるばかりで問題を先送りにしても、何の解決にもなりません。それどころか、老後生活を悪化させかねないのです。

避けて通ることができない道なら、早めに手を打っておくのが得策です。

お金と健康だけではダメ。「生きがい」も大切です

定年後は、お金と健康、命のバランスを取りながら生活していくことが大事です。

そして、もうひとつ。忘れてはならない重要なポイントが「生きがい」です。

老後生活では「孤独」が大きな問題となります。孤独は、幸福感や充実感、健康にまで大きな影響をおよぼすのです。

「お金」「健康」「生きがい」の3つが、老後生活をバラ色に変えるキーワードといっていいでしょう。

次章から、その方法をひとつずつ解き明かしていくことにします。

「これまでは、寿命が延びるとは、老いて生きる時間が長くなることだと思われてきた。しかし、その常識が変わり、若々しく生きる時間が長くなるだろう」

――『LIFE SHIFT 100年時代の人生戦略』リンダ・グラットン、アンドリュー・スコット（著）、池村千秋（訳）

Part 1

お金

定年後の
老後資金・年金の
不安を解消する

老後資金は「2000万円」必要って本当？

最初に、老後の不安で第1位になっている「お金」についてを考えていくことにします。老後生活を豊かに過ごすためには、この「お金」の問題をどうしても解決する必要があります。なんとかなるなんて目を背けていても、逃げられません。

また、先延ばしにすると、解決できる選択肢を狭《せば》める結果になります。まずは、ご自分の家計がどんな状態なのか、現状を把握することが対策の第一歩になるのです。

2019年、金融庁の金融審議会市場ワーキング・グループの報告書が発端となり、「老後資金2000万円問題」が話題になりました。これをきっかけとして、老後資金について考える人が多くなりました。この問題がある意味で、いい意識チェンジになったとは思います。

老後になって、2000万円不足するというのは、総務省統計局の家計調査報告から導き出された数字です。高齢夫婦無職世帯の家計収支の2017年のデータでは、

▶高齢夫婦無職世帯の家計収支

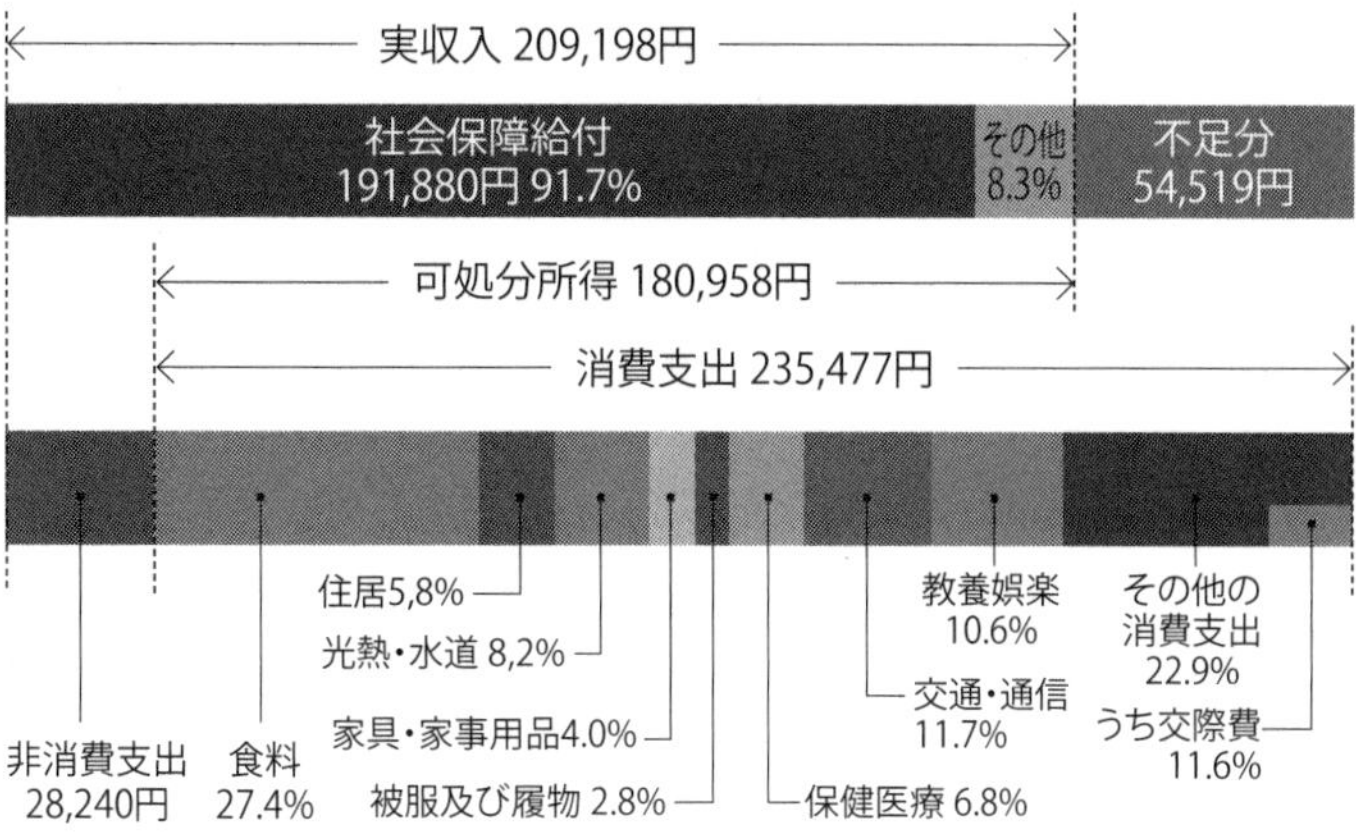

総務省統計局「家計調査報告」（2017年）

収入が20万９１９８円で、支出（非消費も含む）が26万３７１７円となっています。毎月の不足分は５万４５１９円です。この不足分を30年間埋めるために必要なお金が、約２０００万円なのです。

この数字が、老後に２０００万円が不足するという根拠になっています。ただし、２０００万円はあくまでも平均的な数字です。また、持ち家の人が主なデータなので、賃貸の人には当てはまりません。

では、老後に必要なお金はいったいいくらなのでしょう。答えは、人それぞれです。答えになっていないと怒らないでくださいね。必要額を計算する方法が、ちゃんとあります。ポイントは定年後の収支バランスです。収支バランスがわかれば、老後資金の額もわかります。

毎月の不足分を補うのが老後資金の大きな役割です。つまり、足りない金額×寿命が老後資金となります。

もっとも、寿命は誰にもわかりませんので、平均寿命で計算するしかありません。とはいえ、途中で資金が枯渇《こかつ》しては困りますから、長めの年数で計算しましょう。まずは、95歳を目安にしてください。

65歳まで働くとすると、95歳までは30年間です。

老後資金＝毎月の不足分×12か月×30年

という計算式になります。

平均額ではなく、ご自身の不足額を入れることで、自分の老後資金がわかるわけです。

「老後の収支なんて、いまからわかりっこない！」と思いがちですが、大丈夫です。その具体的な方法を解説していきましょう。

老後の収入はこうして計算する

老後資金のお金（つまり家計の収支）をイメージするには、キャッシュフロー表を作るといいでしょう。この表で、老後のお金を「見える化」することができます。キャッシュフローとは、簡単にいうと「お金の流れ」です。収入から支出を差し引いてお金がどのくらい残っているか？　という収支を表にすることです。そうすれば、お金の流れが可視化されます。

老後のキャッシュフロー表を作ることで、老後資金がどのくらいもつのか？　また、老後資金がどのくらい必要なのか？　毎月のどのくらい節約すればいいのか？はたまた旅行などのレジャーには、どのくらいのお金を使っても大丈夫なのか？　ということまで見えてきます。

この方法が、老後の「お金」を解決するのにもっとも有効な手段です。ちょっと手間がかかっても、作ってみることをお勧めします。

キャッシュフロー表を作成する際、「老後の収入」「老後の支出」「老後の資産」の3つが必要です。
「収入」は、働いている場合には給与年収、公的年金、企業年金になります。
「支出」は、生活費などです。
「資産」というのは、退職金や老後資金になります。運用している有価証券の評価額も入れます。

実施の作業は、エクセルなどの表計算ソフトを利用すると便利です。年齢の項目は、現在の年齢から100歳までの年齢に設定をしておいてください。

左のページに示した一覧表を参考にしていただいて、入力するとわかりやすいでしょう。一覧表の項目については、あまり細かくしても面倒になるので、大雑把《おおざっぱ》でかまいません。だいたいの流れがわかればOKです。

ここで、しっかりとキャッシュフロー表を作っておけば、とても役に立ちます。表計算ソフトを使って作るのが、面倒という人には、簡単に作れるWebのサービスで「100年ライブイルミネーター」というものがあります。詳しい説明は202ページを参照してください。

▶退職後のキャッシュフロー表（例）

西暦年	年	年	年	年	年	年	年	年	年	年
収入（夫）	60歳	61歳	62歳	63歳	64歳	65歳	66歳	67歳	68歳	69歳
退職金										
給与										
国民年金										
厚生年金										
企業年金										
個人年金保険										
その他										
収入（妻）	歳	歳	歳	歳	歳	歳	歳	歳	歳	歳
退職金										
給与										
国民年金										
厚生年金										
企業年金										
個人年金保険										
その他										
Ⓐ 収入合計										
支　出										
生活費										
住居費(ローン)										
保険料										
教育費										
イベント支出										
その他										
Ⓑ 支出合計										
資　産										
預貯金										
金融商品										
不動産										
その他										
Ⓒ 資産合計										
資金残高 =（Ⓐ-Ⓑ+Ⓒ）										

では、「収入」「支出」「資産」を次項から細かく説明をしていきましょう。

■「ねんきん定期便」をチェック

まずは、老後の収入を調べます。

老後の収入の大きな部分は、公的年金になります。この公的年金は「ねんきん定期便」を確認することで簡単にわかります。50歳以上の人は、60歳まで働いたときの見込み金額が書かれています。

いっぽう、50歳未満の人のねんきん定期便は、加入実績に応じた金額になっています。ですので、50歳未満の人は、実際に受け取れる金額とはかなり違ってきます。しかし、「ねんきんネット」を利用すれば、将来受け取る金額のシミュレーションができます。

「ねんきん定期便」の見方は、左のページを参照してください。

次に、大きな収入が企業年金です。これはお勤めの会社によって異なります。企業年金がない会社もありますし、企業年金が確定給付型なのか確定拠出型なのかによっても異なります。人事部などに確認をすると、受け取れる金額と給付期間を教えてく

▶ねんきん定期便（ハガキ）の見方

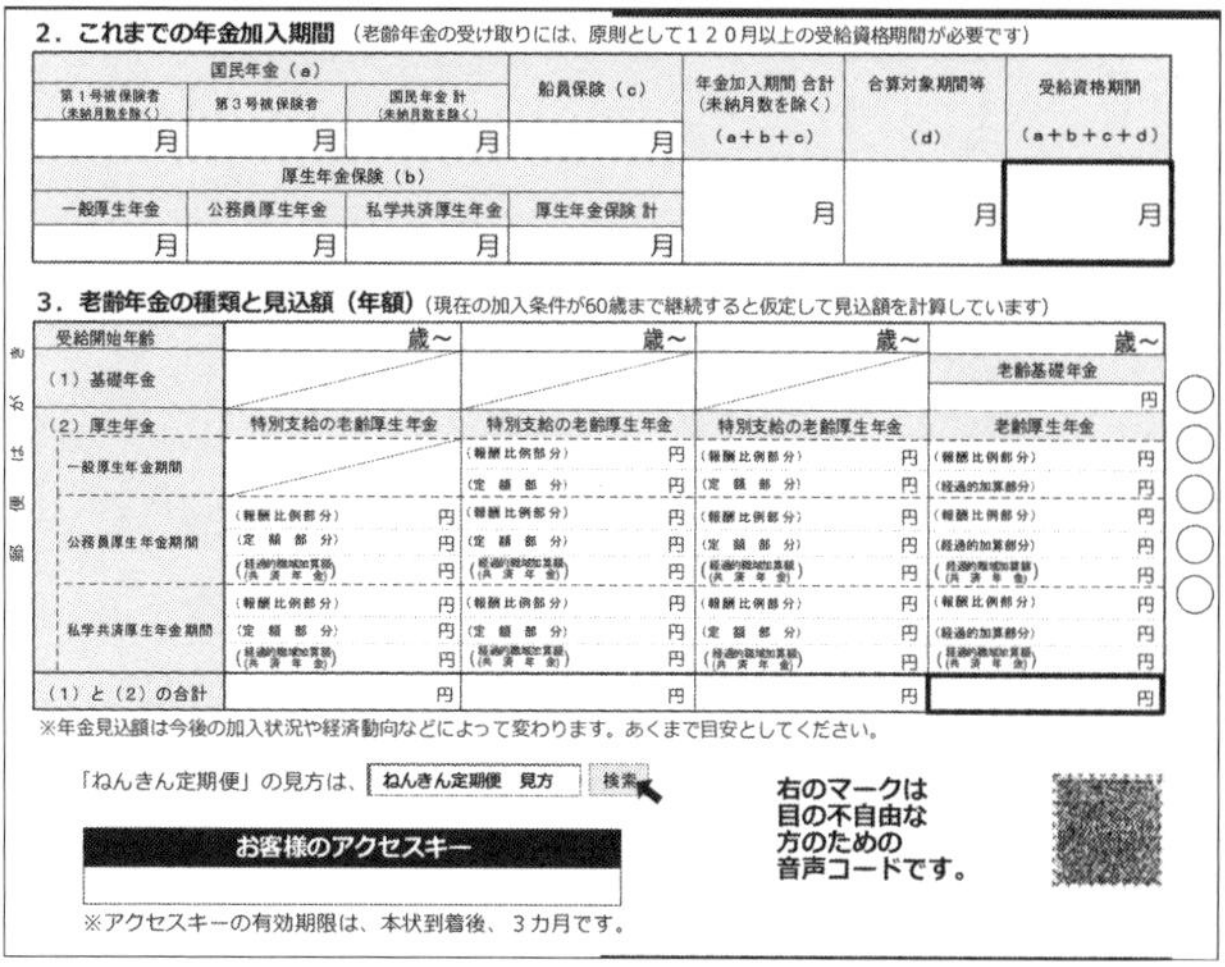

2．これまでの年金加入期間（老齢年金の受け取りには、原則として１２０月以上の受給資格期間が必要です）

国民年金（a）			船員保険（c）	年金加入期間 合計（未納月数を除く）	合算対象期間等	受給資格期間
第１号被保険者（未納月数を除く）	第３号被保険者	国民年金 計（未納月数を除く）		（a＋b＋c）	（d）	（a＋b＋c＋d）
月	月	月	月			
厚生年金保険（b）						
一般厚生年金	公務員厚生年金	私学共済厚生年金	厚生年金保険 計	月	月	月
月	月	月	月			

3．老齢年金の種類と見込額（年額）（現在の加入条件が60歳まで継続すると仮定して見込額を計算しています）

受給開始年齢	歳〜	歳〜	歳〜	歳〜
（1）基礎年金				老齢基礎年金 円
（2）厚生年金	特別支給の老齢厚生年金	特別支給の老齢厚生年金	特別支給の老齢厚生年金	老齢厚生年金
一般厚生年金期間		（報酬比例部分） 円 （定額部分） 円	（報酬比例部分） 円 （定額部分） 円	（報酬比例部分） 円 （経過的加算部分） 円
公務員厚生年金期間	（報酬比例部分） 円 （定額部分） 円 （経過的職域加算額（共済年金）） 円	（報酬比例部分） 円 （定額部分） 円 （経過的職域加算額（共済年金）） 円	（報酬比例部分） 円 （定額部分） 円 （経過的職域加算額（共済年金）） 円	（報酬比例部分） 円 （経過的加算部分） 円 （経過的職域加算額（共済年金）） 円
私学共済厚生年金期間	（報酬比例部分） 円 （定額部分） 円 （経過的職域加算額（共済年金）） 円	（報酬比例部分） 円 （定額部分） 円 （経過的職域加算額（共済年金）） 円	（報酬比例部分） 円 （定額部分） 円 （経過的職域加算額（共済年金）） 円	（報酬比例部分） 円 （経過的加算部分） 円 （経過的職域加算額（共済年金）） 円
（1）と（2）の合計	円	円	円	円

※年金見込額は今後の加入状況や経済動向などによって変わります。あくまで目安としてください。

「ねんきん定期便」の見方は、 ねんきん定期便 見方 検索

右のマークは目の不自由な方のための音声コードです。

お客様のアクセスキー

※アクセスキーの有効期限は、本状到着後、３カ月です。

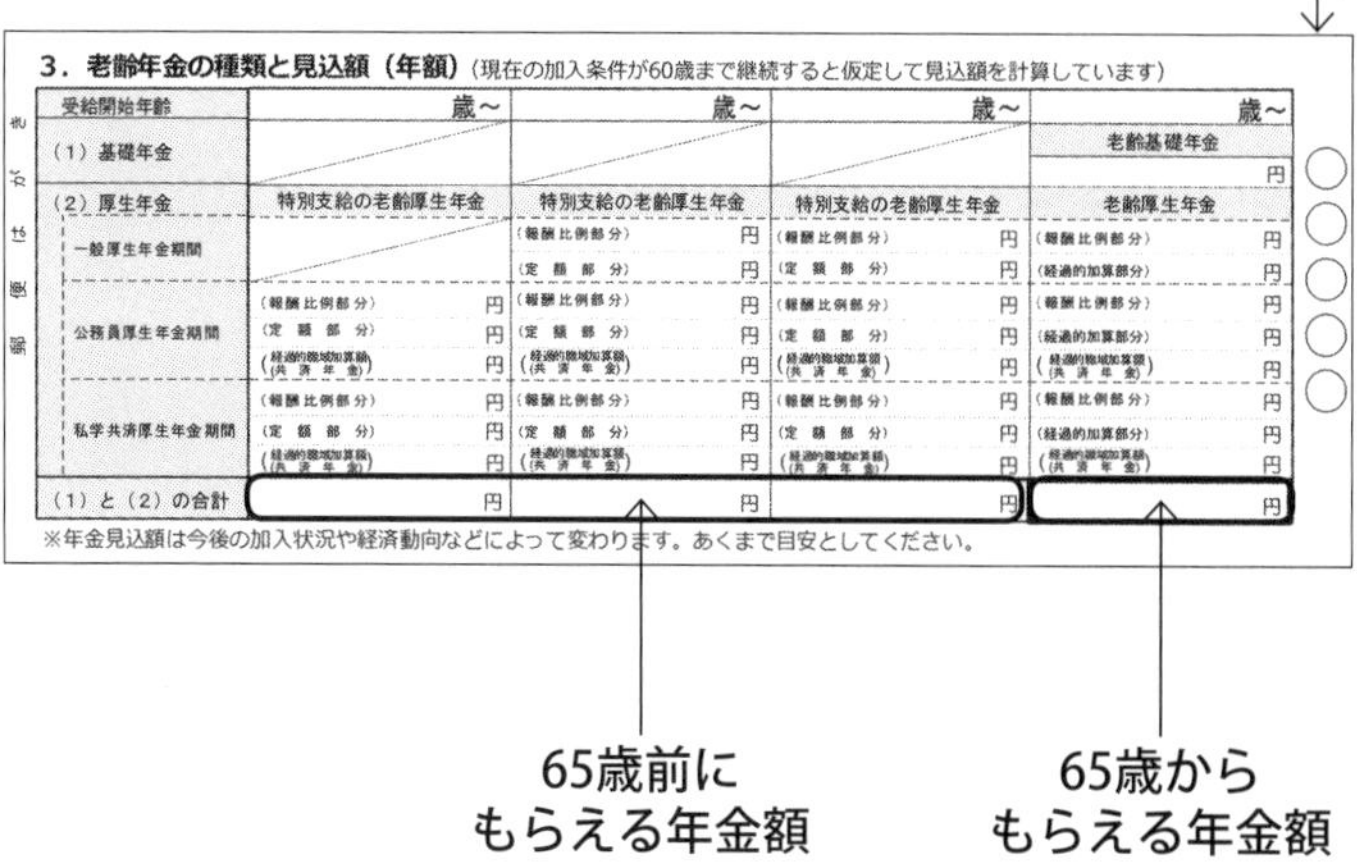

3．老齢年金の種類と見込額（年額）（現在の加入条件が60歳まで継続すると仮定して見込額を計算しています）

受給開始年齢	歳〜	歳〜	歳〜	歳〜
（1）基礎年金				老齢基礎年金 円
（2）厚生年金	特別支給の老齢厚生年金	特別支給の老齢厚生年金	特別支給の老齢厚生年金	老齢厚生年金
一般厚生年金期間		（報酬比例部分） 円 （定額部分） 円	（報酬比例部分） 円 （定額部分） 円	（報酬比例部分） 円 （経過的加算部分） 円
公務員厚生年金期間	（報酬比例部分） 円 （定額部分） 円 （経過的職域加算額（共済年金）） 円	（報酬比例部分） 円 （定額部分） 円 （経過的職域加算額（共済年金）） 円	（報酬比例部分） 円 （定額部分） 円 （経過的職域加算額（共済年金）） 円	（報酬比例部分） 円 （経過的加算部分） 円 （経過的職域加算額（共済年金）） 円
私学共済厚生年金期間	（報酬比例部分） 円 （定額部分） 円 （経過的職域加算額（共済年金）） 円	（報酬比例部分） 円 （定額部分） 円 （経過的職域加算額（共済年金）） 円	（報酬比例部分） 円 （定額部分） 円 （経過的職域加算額（共済年金）） 円	（報酬比例部分） 円 （経過的加算部分） 円 （経過的職域加算額（共済年金）） 円
（1）と（2）の合計	円	円	円	円

※年金見込額は今後の加入状況や経済動向などによって変わります。あくまで目安としてください。

れると思います。または自分で確認をできるシステムを組んでいる会社もあります。

ここで注意してほしいのが、企業年金は、終身年金の制度の会社も一部にありますが、受取期間が決まっている確定年金が多いということです。いつまで給付されるのかも確認しておきましょう。

夫婦の場合は、2人分の収入がベースになります。現役時代は別々の財布だったとしても、定年後は夫婦2人の収入を合わせないと生活費を満たせないことがあります。ここはできるだけ協力をして生活するようにしましょう。

定年が近い人は、ぜひ企業年金の額や受取期間を確認しておいてください。

老後の支出はこうして計算する

今度は、老後の支出を計算します。

現役時代に比べて、一般的に老後の支出は減少していくものです。子どもが独立をしたり、住宅ローンの支払いが終わることが大きいといえます。

まずは「毎月の生活費」を調べてみましょう。現在の生活費から、子どもの教育費など定年後に必要でなくなる金額を引けば、だいたいの生活費がわかります。

退職前の支出は、給料から毎月の貯蓄額や残高を引くことによって、おおよその目安がつくのではないかと思います。

老後の支出の計算が面倒という場合には、大雑把な方法ですが、「現役時代の支出の8~7割が老後生活の支出」だと考えてもいいでしょう。つまり、現役時代の支出が40万円だったならば、30万円が老後の支出だという計算になります。

今後かかる費用も計算に入れておかなければなりません。

住宅ローンはいつまで続くのか。子育てがまだ続いている場合は、いつまで教育費を払うのか。奨学金は子どもが返すのか、親が負担するのか……などです。

その他、旅行を計画しているのならば、年に1度なのか、2年おきなのかを考えます。リフォームもまとまったお金が必要になります。子どもの結婚や孫の出産も費用がかかります。思いつく限りの内容を洗い出しましょう。

老後の資産はこうして計算する

現在の資産状況を調べてみましょう。貯蓄の金額はすぐにわかると思います。株や投資信託などをお持ちの場合は、現時点の評価額で計算します。

不動産をお持ちの場合は、市場価格になります。投資用のマンションなどは、毎月の家賃収入が資産です。

個人年金保険は、受け取る金額を書き出してください。終身保険などの貯蓄性商品は解約返戻金《かいやくへんれいきん》の金額が資産になります。

退職金も資産に入ります。これは老後資金の中で大きなウエイトを占めます。だいたいの退職金額を出してください。金額がわからない場合は、人事部などに確認すれば教えてくれます。

企業年金を一時金で受け取る場合も資産になります。また、ｉＤｅＣｏ（イデコ）などの確定拠出年金もそうです。養老保険などの一時金も、定年後の資産になります。

▶老後資金がいつまで持つのか？の計算方法

「老後の収入」−「老後の支出」＝毎月の赤字額（黒字額）

毎月の赤字額（黒字額）×12か月＝年間の赤字額（黒字額）

これらの合計金額が、老後資金ということになります。

■収入と支出、老後資金の合計をキャッシュフロー表に入れてみる

「老後の収入」「老後の支出」「老後資金の合計」の3つがわかれば、老後のお金の流れがつかめます。エクセルなどの表計算ソフトを使えば、よくわかるのですが、簡単な計算方法を紹介しましょう。

上の式を見てください。赤字となった場合は、老後資金を年間の赤字額で割ってください。そうすると老後資金がどのくらいもつのかがわかってきます。次のページに「例」を入れてみました。

例にあげた家計の場合だと、82歳くらいで老後資金の2000万円を使いはたしてしまう予測になります。注目してほしいのは、「自分の老後資金がいつもでもつのか」という点です。

平均寿命を考えると、男性の場合はギリギリかもしれませんが、女性の場合はもっと長生きをします。さらにいうと、男性の場合も4人に1人は90歳まで生きています。これからも、いっそう寿命は

▶老後資金2000万円は、82歳でゼロに？

毎年120万円の赤字。貯蓄から取り崩すと82歳の時点でゼロに。
その後は、夫婦の年金合計年300万円の暮らしになる。

- 老後の収入＝夫婦の年金月額25万円
- 老後の支出＝月額35万円
- 老後資金＝2000万円
- 収入月額25万円－支出35万円＝－10万円
- －10万円×12か月＝－120万円
- 2000万円÷120万円＝約17年

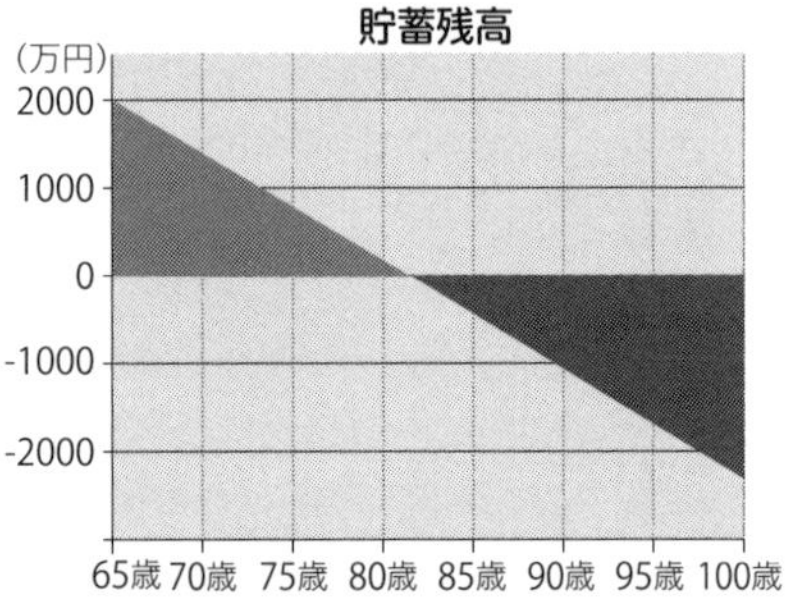

65歳から17年だと82歳で老後資金がつきる！

延びていくと予想されますから、最低95歳までは資金が枯渇《こかつ》しないように考えないと、「老後破綻《はたん》」ということにもなりかねません。

95歳を超えても資金が底をつかない人はとりあえず安心です（ただし、注意点があります。95ページ参照）。

しかし、途中でゼロやマイナスになった人は、かなり注意が必要です。「準備した老後資金が少なすぎた」「年金受給額が少ない」「支出が大きすぎる」など、人によって理由は異なりますが、このままでは老後破綻のリスクがあります。

キャッシュフロー表を作ることで、老後のお金が整理されます。そういった意味でも、老後のお金を「見える化」することは重要です。キャッシュフロー表を見ながら、どこに問題があるのかを見極めて、老後資金をもう少し準備しておこうとか、旅行の費用が多すぎるので回数を減らそうかとか、老後のお金計画を健全にすることができます。

高額所得者はじつは老後破綻を起こしやすい?!

老後のお金でもっとも大事なことは「収支のバランス」です。この「収支のバランス」がうまくいっていることが、老後生活の安定につながるのです。なぜなら、収支のバランスが取れている場合は、老後破綻は起こりにくいのです。逆にバランスが悪いと、老後破綻が起こる可能性が高いのです。

じつは、現役時代に高額所得者だった人が老後破綻に陥るケースが意外と多いのですが、そう聞くと、「なんで?」と思いますよね。これも収支のバランスが関係しているのです。

▶老後資金6000万円は、84歳でゼロに？

毎年324万円の赤字。貯蓄から取り崩すと84歳の時点でゼロに

- 現役時代：年収1200万円
- 支出月額60万円
- 老後資金6000万円
- 定年後：年収400万円（月額33万円）にダウン
- 支出月額60万円は同じ
- 定年後の生活：月額収入33万円－月額支出60万円＝－27万円
 －27万円×12か月＝－324万円

6000万円÷324万円＝約19年
84歳の時点で老後資金がつきます。

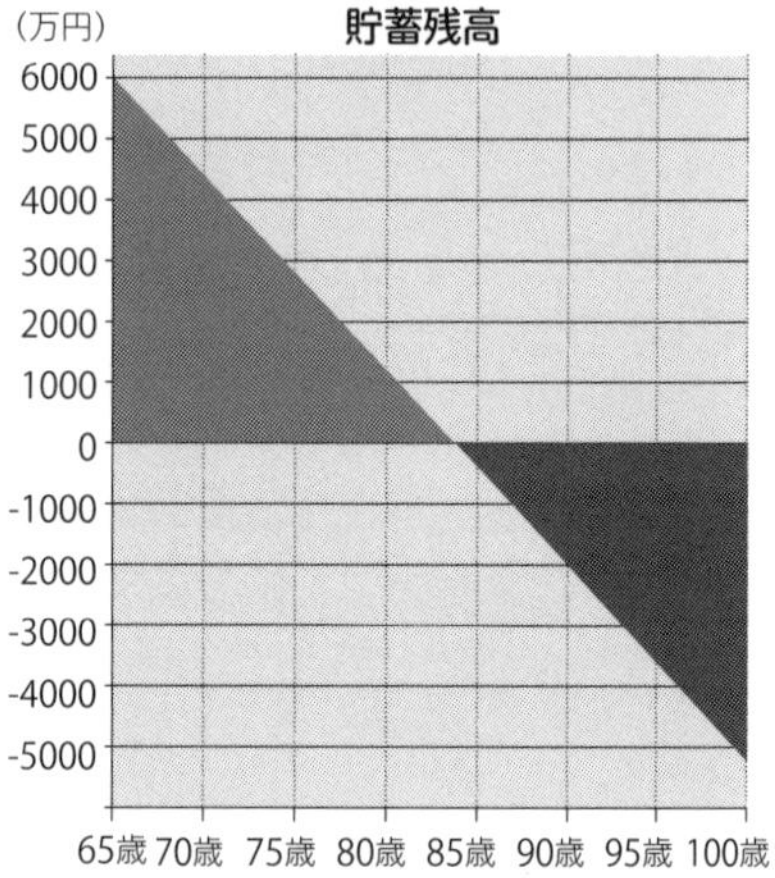

現役時代、年収が１２００万円あった人は、月に60万円の支出であれば問題なく生活していけます。しかし、定年後は公的年金と企業年金だけになったとしたら、収入はぐっと減ってしまいます。

たとえば、年収が３分の１に減って４００万円だとすれば、月額は約33万円。ところが支出も３分の１に減らすのは、かなり難しいものです。現役時代と同じように60万円で暮らしたならば、毎月27万円の赤字が出てしまい、老後資金が６０００万円あったとしても、19年ほどしかもちません。65歳からだと84歳の時点で、

老後資金が底をついてしまう計算です。もし、95歳までの30年分の老後資金を準備したいならば、約1億円が必要になります。

もうひとつ。高額所得者は収入が多いぶん、厚生年金の支払いも多くなると思い込んでいる人がいます。これには注意が必要です。

厚生年金は標準報酬月額によって保険料が異なります。月額8万8000円の1等級から、月額65万円の32等級まであります。つまり、標準報酬月額が65万円以上の人は支払う保険料はみな同じで、受け取れる年金額も同じということなのです。

超高額所得者だからといって、上限を超えた保険料は支払っていないので、年金をたくさん受け取れるわけでもないのです。

公的年金の受け取り額をしっかり確認しておく必要があります。

暮らしのダウンサイジングを。秘訣は固定費の見直し

老後資金の寿命を延ばすには、収支のバランスを改善することが重要です。収支のバランスをとるためにも、生活を見直して支出を抑える、すなわちダウンサイジングが必要になってきます。

先の高額所得者の例でいうと、毎月の支出を60万円から45万円にダウンサイジングすれば、毎月の赤字が15万円になります。すると、資産寿命は33年に延び（15万円×12か月×33年＝5940万円）、98歳まで資金をもたせることができます。

こんなふうに考えると、老後資金がいくら必要なのか、また、毎月の支出はどのくらいにすればいいのかが見えてきます。

もっとも「言うは易《やす》し、行うは難《かた》し」が、暮らしのダウンサイジングです。では、どこを節約すれば、老後資金の助けになるのでしょうか。

こまごました部分を削《けず》っても、たいした金額にはなりません。また、モチベーショ

ンが続かず、失敗することが多いようです。

ここで、家計のダウンサイジングのコツを紹介します。

節約のポイントは、大きな部分にメスを入れること。それには次から説明する固定費の見直しが一番です。固定費を削ると、最初はたいへんかもしれませんが、その後は何もする必要はありません。放っておいても持続可能な節約ができるので、長続きをして結果的に節約の効果は大きくなります。

■保険の見直し

まず見直したいのが、ムダな保険です。毎月の保険料は気にならない金額でも、総額となると、驚くほど大きな金額になります。

子どもが小さかったり学費がかかるうちは、万一を考えて死亡保障はそれなりの金額を設定していたと思います。しかし、子どもが独立したら大きな保障は必要ありません。配偶者が困らない程度に保障額を減らしても大丈夫です。

また、定期保険特約付終身保険などは、定年前後に契約更新を迎えることが多いものです。この機会に終身保険だけを残し、特約部分を解約したり見直してはいかがでしょう。正直なところ、多くの特約は不要です。特約を見直すだけでも、毎月3万円の保険料が1万円に削減できることもあります。2万円の節約は大きなメリットでしょう。

生命保険は人生の節目ごとに見直すと節約につながります。保険の見直しについて詳しく知りたい場合は、『最新版 保険はこの5つから選びなさい』(長尾義弘、河出書房新社刊)を参考にしていただければと思います。

■住宅ローン

住宅ローンを10年以上前に組んだ人は、ローンの借り換えをすると、返済額を大きく減らすことができるかもしれません。今は低金利の時代です。住宅ローンの借り換えは、ネットで簡単にシミュレーションできますので、一度、試算してみてはいかがでしょうか。

また、定年後も住宅ローンの返済が続く場合は、老後破綻のリスクがあります。おもな収入が年金だけになったとき、住宅ローンは重い負担になります。できれば退職金で返済を終わらせるようにしたほうが安心です。

■携帯電話（スマホ）

携帯電話の支払いは、家計にとって大きな負担になります。家族3人で携帯電話を契約していると、月額2万円以上はかかってしまいます。年間24万円、20年では480万円です。しかし、もう携帯電話がないという生活は考えられないですよね。そこで、携帯電話の固定費を削る方法を考えてみましょう。

格安スマホなどに変更すると、基本料金を安く抑えられます。3人家族で毎月1万円以下の携帯電話料金になったら、大きな節約につながると思います。

■クルマ

毎月の駐車場代、ガソリン代、自動車保険料、車検費用、税金など、車の維持費は意外とかかります。たまにしか乗らないのであれば、カーシェアリングなどを利用するとかなり節約ができます。一度、検討してみてはいかがでしょうか。

こうした大きな支出を見直すことで、だいぶ暮らしのダウンサイジングができるはずです。

働いて収入を得ることで資産寿命を延ばす

見直せるのは支出だけではありません、老後の収入についても見直しを考えましょう。老後の収入を増やす方法はいくつかあります。

ひとつが長く働くことです。収入があれば取り崩す金額も減りますので、資産寿命も延びます。

とくに、「老後資金がほとんどない」「公的年金の受給額が少ない」「頼れる人がいない」といった人は、できるだけ長く働くことで、老後資金を増やすことができます。また、厚生年金に加入しながら働くので、将来受け取る年金額を増やすことにつながります。

いっぽう、定年までずっと会社勤めをしてきた人は、厚生年金の加入期間も長いので、年金の受給額が極端に少ないということはないと思います。定年後も元気で老後資金に余裕があれば、ペースを落としてゆったりめで働くスタイルもとれるでしょう。

▶（図A）資金が1000万円、夫婦合計の年金240万円

- 老後資金1000万円
- 収入月額20万円
- 月額支出25万円
- 毎月の赤字額5万円
- 年間の赤字額60万円
  （5万円×12か月=60万円）
  1000万円÷60万円＝
  16.66年=約17年

65歳からなので、82歳まで

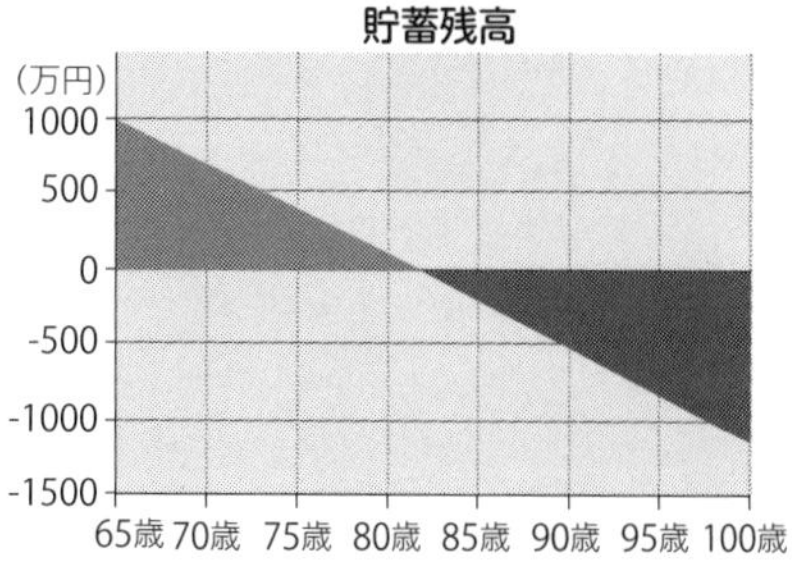

▶（図B）資金が1000万円、65歳から70歳まで5万円の収入

65歳から70歳まで、毎月5万円の収入があったとき。
70歳まで赤字は0円
70歳以降は毎月5万円の赤字
1000万円÷60万円＝16.66年=約17年
70歳からなので、87歳まで

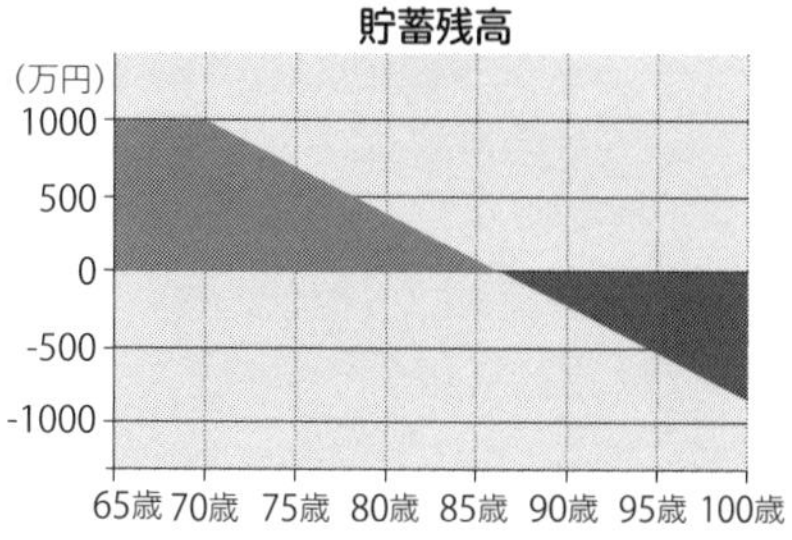

▶（図C）資金が1000万円、65歳から70歳まで10万円の収入

65歳から70歳まで、毎月10万円の収入があったとき。
70歳まで黒字は300万円
（5万円×12か月×5年=
300万円
70歳以降は毎月5万円の赤字
1300万円÷60万円＝21.66年=約22年
70歳からなので、92歳まで

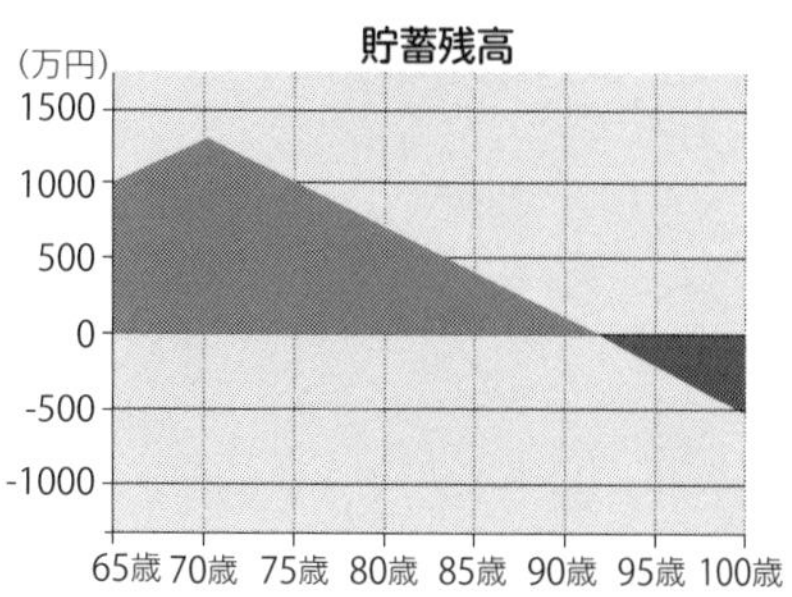

たとえば、年金の収入が月額20万円で、月額の支出が25万円だった場合、毎月5万円の赤字が出ます。老後資金が１０００万円の貯えがあるならば、おおよそ17年はもつことになります。資金がつきるのは、82歳ぐらいですね（前ページの図A参照）。

しかし、65歳から70歳まで月額5万円の収入があると、資産寿命が87歳まで延びます（図B参照）。

もし、月額10万円の収入があって5万円ずつ貯蓄ができたら、資産寿命はもう5年、92歳まで延ばせます（図C参照）。

65歳までの再雇用よりゆったりした働き方でも、収入があることで資産寿命は延びます。たとえ収入が少なくてもゼロがプラスになるのですから、その効果は大きいといえます。

それに、社会との接点をもつことは、定年後にはとても大切です。生きていくうえで励みにもなりますし、生活にメリハリが出ます。自分の体調と相談しながら、月に数日間の仕事はお勧めです。

年金の「繰上げ受給」と「繰下げ受給」はどう違う?

次に、公的年金を増やす方法です。

「年金を増やすなんて無理でしょう?」と疑う声が聞こえてきそうですが、じつはできるのです。

定年後も再雇用などをして厚生年金に加入して長く働くことで、年金の受取額を増やすことができます。

また、60歳で退職をしたとしても、国民年金の払込期間が40年に満たない場合は、「国民年金に任意加入」して、年金を増やすことも可能です。

さらに年金額を増やす方法としては、繰下げ受給をがあげられます。この繰下げ受給というのはとてもお得な制度なので、ぜひ活用していただきたいと思います。

それでは、年金の繰下げ受給と繰上げ受給について、詳しく解説をしていきましょう。

■「繰上げ受給」のデメリットは大きい

公的年金は65歳で受け取るものだと思い込んでいませんか。

じつは、60歳から70歳までの間の、自分が望む時期に受け取れるのです（2022年4月より75歳に延長）。65歳より前に受け取る方法を繰上げ受給、65歳を超えてから受け取る方法を繰下げ受給といいます。

「だったら、60歳からもらったほうが得だ！」と思った方、それはとんでもない誤解です。

繰上げ受給を選ぶと年6％が減額され、減額された年金額が一生涯続きます。60歳で受給を開始すると、30％もの減額です（2022年4月からは年4・8％の減額、60歳支給開始で24％の減額に変わります）。そして、繰上げ受給は早く受け取れるぶん、最初のうちは得になりますが、途中から損になります。その損益分岐点は約77歳です。77歳以降は、差がどんどん広がっていきます。

そのほかにもデメリットがあります。繰上げ受給をすると、障害年金や寡婦《かふ》年金を受け取ることができなくなります。また、遺族年金と併用では受け取れないため、どちらか一方を選ぶ必要があります。そして、一度繰上げ受給を選択してしまうと、途中で変更はできません。

どうしても生活が成り立たないという状況でなければ、繰上げ受給は避けたほうがいいでしょう。

「繰下げ受給」は長寿時代にあった方式

これに対して、繰下げ受給は年8・4％の増額になります。70歳まで繰下げると42％の増額になり、増額された年金を一生涯受け取ることができます。

おわかりですね。受給開始を早めれば年金が減らされ、遅らせれば増えるわけです。

たとえば、65歳の受取額が月額20万円（年額240万円）の人が、70歳まで繰下げ受給をすると、月額28・4万円（年額340・8万円）になります。

45ページの例でいうと、毎月5万円の赤字が出ていたケースの場合、繰上げ受給をすると赤字がなくなり、さらに3・4万円の黒字に変わります。これで老後生活は安定することになります。

定期預金の利率が0・002％の時代ですから、公的年金の年8・4％の増額は、ひじょうに高利回りです。投資信託などで運用しようとしても、これだけの利回りは難しいでしょう。公的年金は金融商品ではありませんが、投資信託や株式などで資産運用するより、ずっと安全で高利回りな商品といえるのです。

さらに２０２０年に年金改革法が成立し、２０２２年4月から75歳まで繰下げが可能になります。75歳まで繰下げると、最大84％の増額です。年金が倍近くになる計算です。

もっとも、長生きしてこそ繰下げ受給の恩恵を受けることができます。その損益分岐点は11年11か月です。68歳から受け取れば80歳以降、70歳からなら82歳以降が得になります。75歳まで繰下げたとしたら、87歳が損益分岐点になります。

75歳まで繰下げで得するかどうかは、女性のほうが長生きなので有利なのですが、男性は平均寿命を超えているため、微妙ともいえます。繰下げ受給は、いつ受給を開始してもいいという、とても柔軟な制度です。何歳まで繰下げるかは、自分の老後資金と健康状態を見ながら決めればいいと思います。

つぎに、繰下げ受給の柔軟な制度について、もう少し詳しく説明します。

▶基礎年金：受給スタートの年齢別の推移

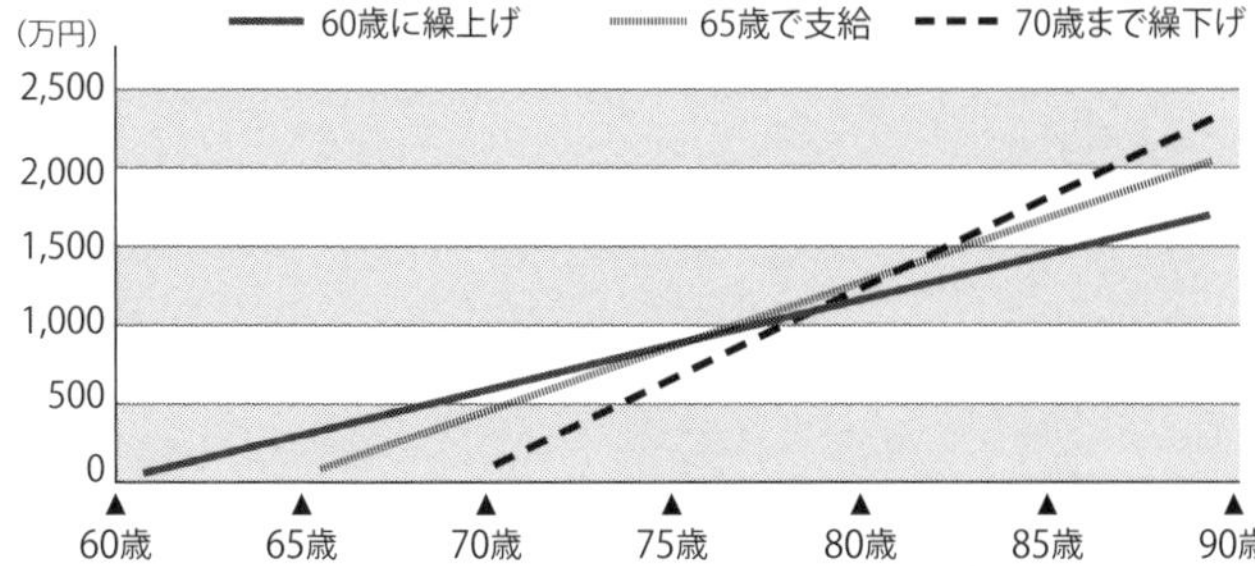

▶基礎年金：繰上げ・繰下げの受給累計額 (円)

	60歳繰上 -30%	65歳 0%	70歳繰下 +42%
60歳	545,510		
61歳	1,091,020		
62歳	1,636,530		
63歳	2,182,040		
64歳	2,727,550		
65歳	3,273,060	779,300	
66歳	3,818,570	1,558,600	
67歳	4,364,080	2,337,900	
68歳	4,909,590	3,117,200	
69歳	5,455,100	3,896,500	
70歳	6,000,610	4,675,800	1,106,606
71歳	6,546,120	5,455,100	2,213,212
72歳	7,091,630	6,234,400	3,319,818
73歳	7,637,140	7,013,700	4,426,424
74歳	8,182,650	7,793,000	5,533,030
75歳	8,728,160	8,572,300	6,639,636
76歳	9,273,670	9,351,600	7,746,242
77歳	9,819,180	10,130,900	8,852,848
78歳	10,364,690	10,910,200	9,959,454
79歳	10,910,200	11,689,500	11,066,060
80歳	11,455,710	12,468,800	12,172,666
81歳	12,001,220	13,248,100	13,279,272
82歳	12,546,730	14,027,400	14,385,878
83歳	13,092,240	14,806,700	15,492,484
84歳	13,637,750	15,586,000	16,599,090
85歳	14,183,260	16,365,300	17,705,696
86歳	14,728,770	17,144,600	18,812,302
87歳	15,274,280	17,923,900	19,918,908
88歳	15,819,790	18,703,200	21,025,514
89歳	16,365,300	19,482,500	22,132,120
90歳	16,910,810	20,261,800	23,238,726

60歳で繰上げ受給と65歳で受給したときの比較→76歳で累計額が逆転
65歳で受給と70歳に繰下げ受給したときの比較→81歳で累計額が逆転

繰下げ受給の制度をうまく使いこなす知恵

繰下げ受給の手続きは、65歳以降に「老齢基礎年金・老齢厚生年金　支給繰下げ申出書」を提出します。公的年金の請求書を提出しなければ、自動的に繰下げ受給になるのですが、受給資格の時効の関係もあるので提出をしておきましょう。

この申請書に、「いつから年金を受け取るか」を記入する欄はありません。期間内であれば、いつ支給を開始するのも自由です。

たとえば、70歳まで繰下げ受給をしようと思っていても、途中で年金を受け取ることができます。繰下げ受給をやめる場合には、2つの方法があります。具体例をつかって説明をしましょう。

たとえば、70歳まで繰下げ受給をしようと考えていたとします。しかし、68歳の時点で老後資金が少なくなってきました。このままでは不安になってきたので、やはり年金を受け取りたい……といった展開もあると思います。この場合は、68歳からの受け取りになりますから、増額された年金額を一生涯受け取ることができます。

また、68歳のときに要介護になってしまい、まとまったお金が必要になった場合は、それまでの年金未支給分を一括で受け取ることもできます。ただし65歳の時点での年金額で計算されます。そして、それ以降も65歳での年金額を一生涯受け取ることになります。このように融通のきく制度なのです。

また、公的年金には老齢基礎年金と老齢厚生年金の二つがありますが、両方を繰下げることも、どちらか一方を繰下げることもできます。

「加給年金」を受け取りつつ、繰下げ受給も可能にする方法

ただし、繰下げ受給にも注意点はあります。

配偶者が年下の場合は、「加給年金」を受け取れなくなるのです。

加給年金とは、厚生年金の家族手当のようなもので、繰下げ受給をしている間は、加給年金が停止になります。また、加給年金が終わった後は振替加算がありますが、

▶加給年金（2020年）

対象者	加給年金額	年　齢　制　限
配偶者	224,900円	65歳未満であること
1人目・2人目の子	各224,900円	18歳到達年度の末日までの間の子または1級・2級の障害の状態にある20歳未満の子
3人目以降の子	各75,00円	18歳到達年度の末日までの間の子または1級・2級の障害の状態にある20歳未満の子

▶加給年金額の特別加算額

受給権者の生年月日	特別加算額	加給年金額の合計額
昭和9年4月2日～昭和15年4月1日	33,200円	258,100円
昭和15年4月2日～昭和16年4月1日	66,400円	291,300円
昭和16年4月2日～昭和17年4月1日	99,600円	324,500円
昭和17年4月2日～昭和18年4月1日	132,700円	357,600円
昭和18年4月2日以後	166,000円	390,900円

▶振替加算

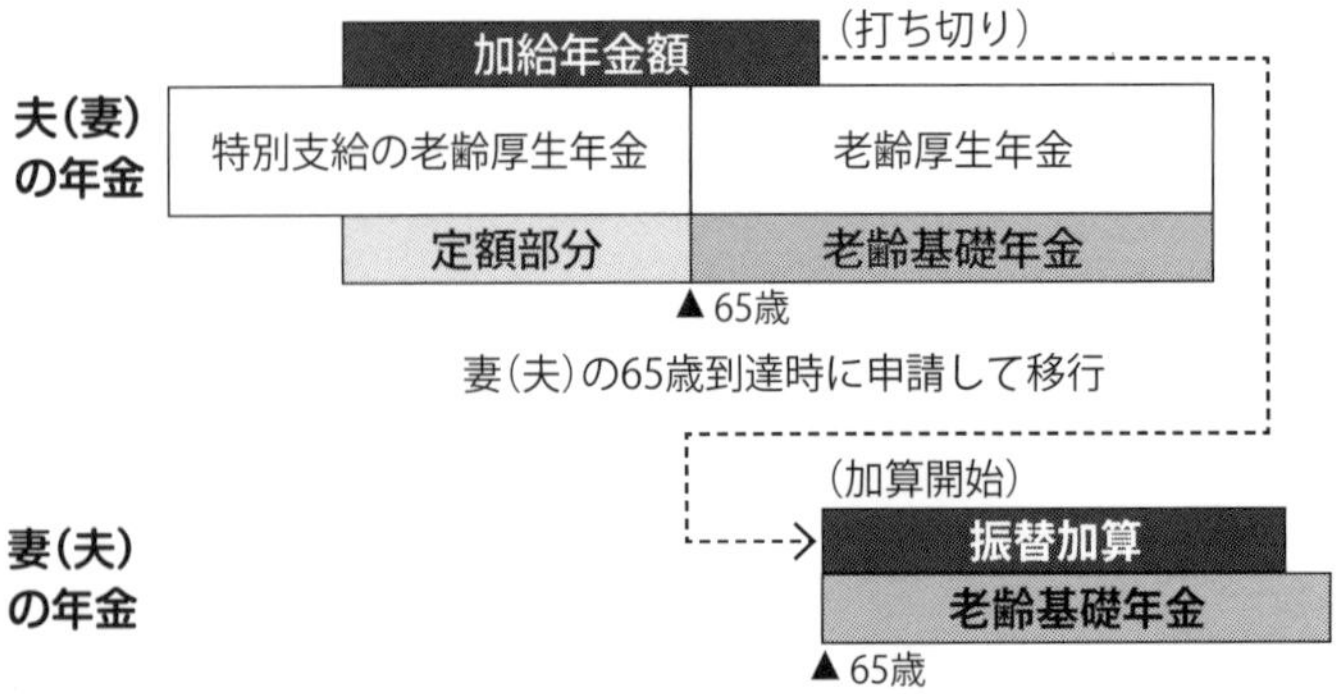

こちらも受け取ることができません。

右の表で確認していただければわかるように、加給年金はそれなりの額になります。加給年金は受け取ったほうが得な場合が多いといえます。

それでも、繰下げ受給をする方法があります。加給年金に関係するのは厚生年金だけで、基礎年金は関係ありません。ですので、厚生年金だけを65歳から受け取り、基礎年金を繰下げ受給してはいかがでしょうか。

手取りは42%の増額にならなくても結局はお得！

それから、税金についても注意が必要です。繰下げ受給をすると年金の受取金額が大きくなるので、所得税や住民税、社会保険料などが増えます。

税金や社会保険料が高くなるから、繰下げ受給は「損」だという意見もありますが、本当でしょうか。

繰下げ受給をする本来の目的は、年金収入を増やすことにあります。受給額が増えた以上に税金や社会保険料は増えません。また、受給額がもともと少ない人ほど、税金や社会保険料の影響は少ないといえます。

70歳まで繰下げると最大42％の増額になるのですが、手取り金額ではそこまで増えません。税金や社会保険料やお住まいの地域によって住民税が異なってきますので一概にはいえませんが、42％より少なく、35〜32％ぐらいのアップになります。ですので、損益分岐点も、12年より2〜3年ほど遅くなります。

しかし、それでも繰下げ受給がお得なのです。

例をつかって説明しましょう。たとえば、年金の受給額が年額１００万円の人が70歳まで繰下げ受給をすると１４２万円に増額になります。税金、社会保険料は少しは増えますが、大きくは変わらないでしょう。では65歳の時点で年金の受給額が年１８０万円の人の場合は、手取り額でいうと１６２万円くらいです。70歳まで繰下げ受給をすると受取額は、２５５・６万円に増額されますが、手取り額は、２１６万円くらいになります。

そのほか、もっと収入が上がった場合には、健康保険の自己負担が2割・１割ではなく3割負担になることもあります。とはいうものの、50万円以上の増額になってい

▶年金の手取りの総額で比較する

65歳での年金受給額が年180万円の場合。65歳で受け取ったときの手取りと、70歳まで繰下げ受給をしたときの手取り。95歳まで生きたときの差額はどのくらいになるのか？

（注）この計算は一つの例です。住んでいる場所、扶養家族などによって異なります。

65歳の時点の年金180万円→手取り約162万円
合計　162万円

年額 162万円

95歳まで生きたときの年金の手取り
受取総額は
162万円×30年=4,860万円

30年間の総額 4,860万円

70歳まで年金の繰下げ受給をして42%の増額した場合
年金180万円は42%の増額→255.6万円
年金255.6万円→手取り約216万円
合計216万円

年額 216万円

95歳まで生きたときの年金の手取り
受取総額は
216万円×25年=5,400万円

30年間の総額 5,400万円

差額は、5,400万円－4,860万円=**540万円**

ます。この増額分が一生涯続くのですから、総受取額で考えると大きな差になってくるのです。

具体的な例で、繰下げた場合と繰下げなかった場合を比べると、前ページの図のようになります。95歳までに、540万円の差がつくのです。

税金や社会保険料が増えるのはイヤだからといって、この得を捨ててしまいますか。たとえ税金や社会保険料が増えたとしても、繰下げ受給はけっして損ではないのです。

給料をアップするといわれた会社員が、所得税・住民税、社会保険料が上がるので給料を上げないでほしいとは、誰もいわないと思います。繰下げ受給も、考え方はそれと似ていると思います。

「年金」とは長生きに備えた保険です

繰上げ受給より繰下げ受給のほうが、長生きの時代には合った方法だといえます。

▶国民年金、老齢年金の繰上げ・繰下げ受給の推移

(年度末現在、単位:人、%)

年度	総　数	繰上げ	受給率	65歳	受給率	繰下げ	受給率
2014	7,719,510	2,860,808	37.1	4,756,431	61.6	102,271	1.3
2015	7,541,403	2,681,201	35.6	4,757,150	63.1	103,052	1.4
2016	7,351,368	2,507,158	34.1	4,740,044	64.5	104,166	1.4
2017	7,253,891	2,341,099	32.3	4,807,065	66.3	105,727	1.5
2018	7,066,960	2,178,571	30.8	4,780,940	67.7	107,449	1.5

出典:「厚生年金保険・国民年金事業の概況」(厚生労働省 平成30年度)

しかし、上の表でもわかるように、実際は繰上げ受給をする人の割合が圧倒的に多くなっています。どうして繰上げ受給に人気が集まるのでしょう。

人は10年後のことよりも現在のことを優先しがちです。将来の価値より現在の価値を優先して大きく認識してしまうのです。これを行動経済学では「現状バイアス」と呼びます。ここは目先の損得感に惑《まど》わされず、冷静に考えてくださいね。

具体的に繰上げ受給と繰下げ受給の受取総額がどのくらい違ってくるのか、比較してみましょう。

たとえば、65歳の時点で年金受給額が200万円という人が、95歳まで生きた

としたら……。
・60歳まで繰上げ受給をした場合は、30％の減額になります。
60歳での受取金額は140万円　140万円×35年＝4900万円
・65歳から受給した場合は、増額・減額はありません。
200万円×30年＝6000万円
・70歳まで繰下げ受給をした場合は、42％の増額になります。
70歳での受取金額は284万円　284万円×25年＝7100万円

繰上げ受給と繰下げ受給では、2000万円以上の差が出るというわけです。

もちろん、早死にしたら繰上げ受給のほうが得になりますが、人の寿命はわかりません。

そもそも年金は長生きをしたときの保険なのです。早く亡くなれば、それほどお金に困ることはないでしょう。けれど長生きしたら、そのぶんお金も必要となり、足りなくなる可能性があるわけです。

こう考えると、繰下げ受給を選んだほうが合理的ではないかと思います。

「企業年金」も老後資金の大切な一部です

定年後の大きな収入となるのが公的年金ですが、企業年金も支えのひとつです。

ただ、企業年金のある会社は、サラリーマン・公務員の全体でいうと、約3割の人たちにとどまります。

企業年金制度は会社によって異なりますので、一概にいうことはできません。ここでは大まかなしくみについて解説をしていきましょう。

企業年金には、大きくわけて「確定給付企業年金」「確定拠出年金（企業型）」「厚生年金基金」の3つがあります。

■確定給付企業年金（DB）

「確定給付型企業年金」の加入者は900万人以上いて、もっとも多いものです。

労使同意のもとで、企業が実施する企業年金制度です。原則的に掛金は企業が負担します（一部、社員負担という場合も）。企業が負担した掛金は、年金資金として管理・運用されます。

年金は確定給付ですので、受け取れる年金額が決まっています。受け取れる期間は、原則として終身または5年以上の確定年金です。しかし、実際には終身年金は少なくなり、平均で15年くらいの確定年金という形が多くなっています。

■確定拠出年金（企業型）

基本的にはiDeCo（個人型確定拠出年金）と同じしくみです。

iDeCoは個人が掛金を出しますが、企業型は会社が掛金を負担します。

運用先は個人が指示します。ですので、運用実績に応じて年金額や一時金額が変わってきます。運用がうまくいくかどうかは、加入者の自己責任です。企業型は拠出金の上限は決まっているものの、加入者自ら掛金を拠出して増額できるマッチング拠出を使うこともできます。

企業型の確定拠出年金は、加入することができるのが65歳未満までなのですが、2022年5月から、70歳未満まで加入することができるようになります。また

▶年金制度の体系

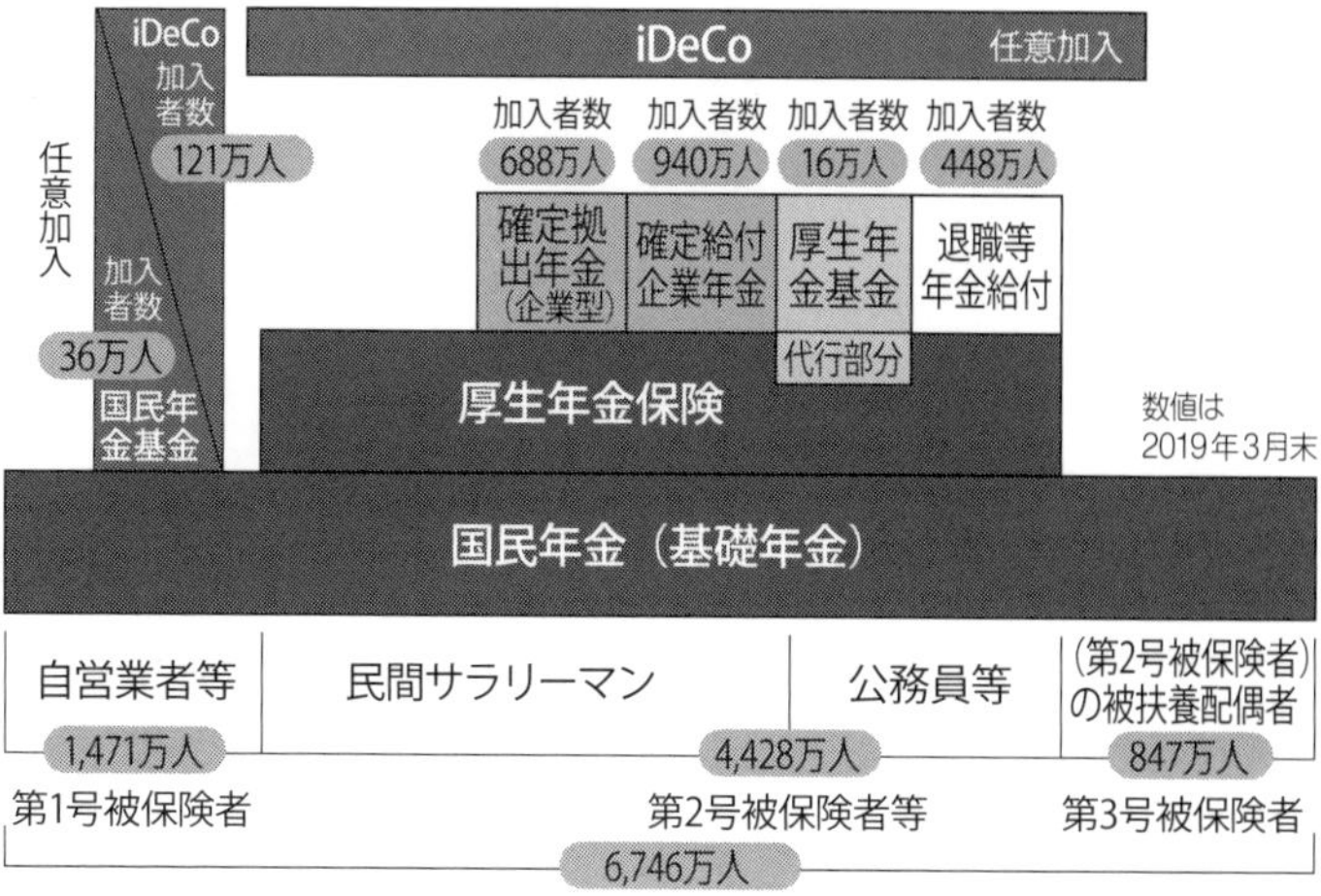

２０２２年には、拠出限度額が改定になる予定になっています。

■厚生年金基金

基本的には確定給付企業年金と同じように、会社が掛金を負担して年金を管理・運用する制度ですが、国の老齢厚生年金の一部も代行して、これにプラスアルファ部分を上乗せして年金給付をする制度です。

しかし、厚生年金基金を解散または確定給付企業年金への移行がすすみ、加入者は16万人と少なくなっています。

詳しくは人事部などに確認をしてください。

「特別支給の老齢厚生年金」の手続きをしないのは損!

男性ならば、1961年4月1日以前に生まれた人、女性ならば1966年4月1日以前に生まれた人は、65歳より前に、「特別支給の老齢厚生年金」を受け取ることができます。受給資格は、1年以上、厚生年金に加入したことがある人です。

1985年に、年金制度の大きな改革がありました。

それまでは、国民年金、厚生年金、共済年金がバラバラの年金制度でしたが、それを一つにまとめて新たな年金制度ができました。

国民年金は、もともと加入期間に応じて年金額が決まる定額制度でした。それを厚生年金、共済年金も、1階部分として国民年金を採用して、すべての年金のベースが定額制である基礎年金に統一されたのです。

このときに、厚生年金の支給開始年齢が60歳から65歳に引き上げられたのです。その移行を段階的にすすめるために設けられた制度が「特別支給の老齢厚生年金」です。

▶特別支給の老齢厚生年金

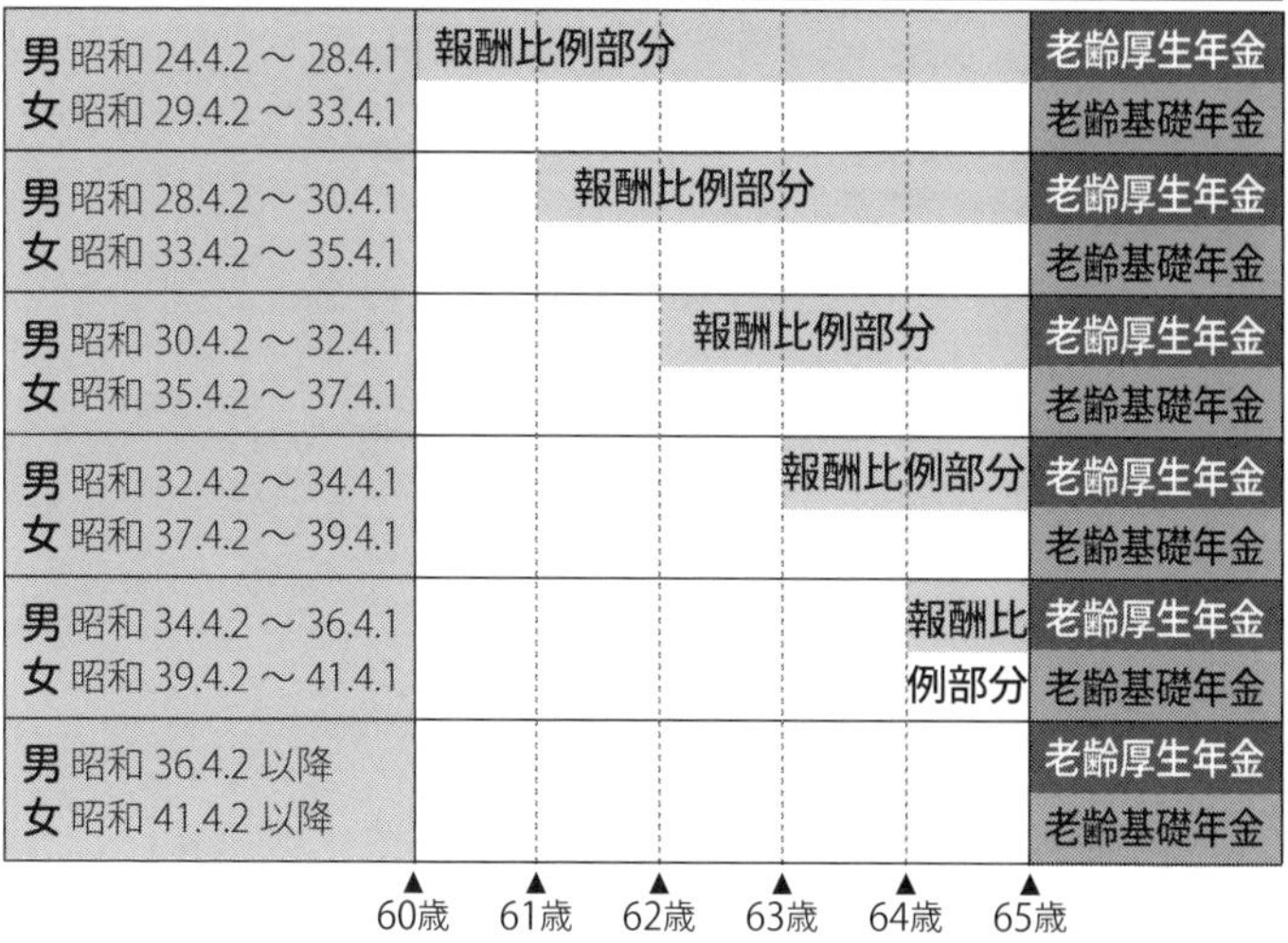

上の表でわかるように、生まれた年によって、支給開始が違ってきます。

公的年金は、繰上げ受給や繰下げ受給ができますが、この「特別支給の老齢厚生年金」は、繰下げ受給はできません。

老齢年金と同じように「繰下げ受給をすると増える」などと勘違いして手続きをしないと、そのまま消えてしまいます。ですので、必ず請求をしてください。

請求をしていない場合には、すぐに手続きをしてください。年金の時効は5年です。

年金をさかのぼって請求できるのは

5年分まで、それを過ぎてしまった場合は、権利が消滅してしまうので注意してください。

「在職老齢年金」で、年金が削られるのは避けられない？

「特別支給の老齢厚生年金」があるので、65歳より前に繰上げ受給以外に年金を受け取れる人もいるのですが、残念ながら場合によっては年金が受け取れないかもしれません。

「えっ、さっきの話と違うのでは？」と思ってしまうでしょうが、厚生年金に加入しながら働いていると年金がカットされる「在職老齢年金」という制度があるのです。

この「在職老齢年金」は、65歳未満と65歳以上では、少し異なります。

まず、65歳未満は、給与と年金の月額合計が28万円を超えた場合、年金の一部または全額がカットされます。65歳以上だと、給与と年金の月額合計が47万円を超えた場合、年金の一部または全額がカットされます。

▶60歳～65歳未満の在職老齢年金の計算方法

Ⓐ基本月額

加給年金を除いた特別支給の老齢厚生年金の月額

Ⓑ総報酬月額相当額

（現在の標準報酬月額）＋（直近1年間の標準賞与額の合計）÷12

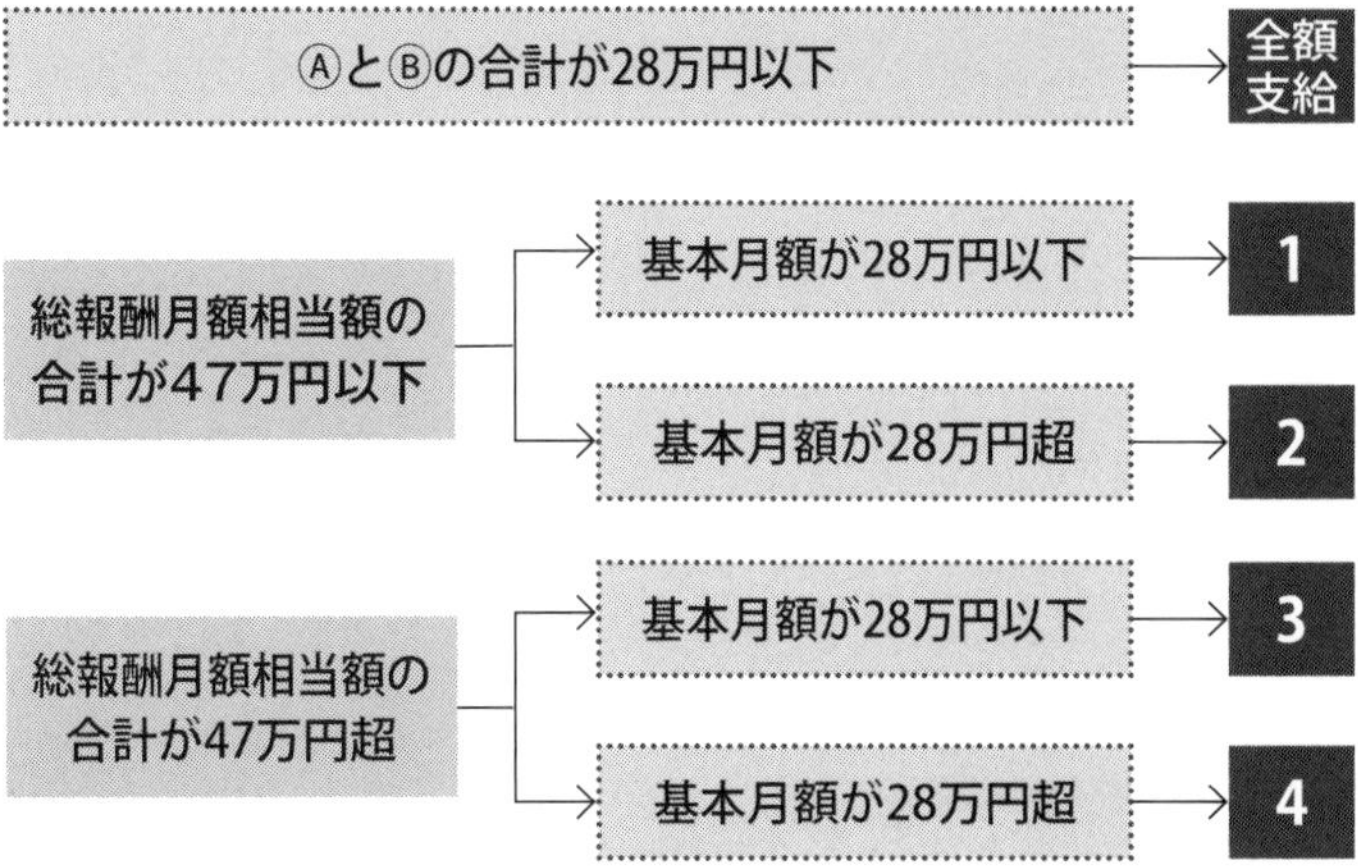

計算方法

1 基本月額－（総報酬月額相当額＋基本月額－28万円）×1/2

2 基本月額－総報酬月額相当額×1/2

3 基本月額－{（47万円＋基本月額－28万円）×1/2＋（総報酬月額相当額－47万円）}

4 基本月額－{47万円×1/2＋（総報酬月額相当額－47万円）}

これによって、65歳未満の会社員の多くは、せっかくの「特別支給の老齢厚生年金」を満額受け取れないことになっています。

65歳以上からは月額47万円になるので、この金額に該当する人は、かなりの高所得者であり、人数的には少ないと思います。

このカットされた年金はどうなるかというと、繰下げもできませんから、消えてなくなります。

なんだか損をしている気分ですね。なかには、年金をカットされるのがイヤだからと、働くのをセーブする人もいます。しかし、それは逆に損をすることにつながります。たしかに年金は停止や減額になりますが、厚生年金を支払っているのですから、そのぶん、将来の年金の受給額が増えていきます。

「損して得とれ」といいますが、65歳までの年金額は減ったとしても、受給するようになってからは金額が多くなった年金が一生涯続きます。また、セーブして働いてしまうと給与が下がってしまい、家計も苦しくなって、老後資金にも影響しかねません。

朗報もあります。２０２２年４月から、65歳未満の上限28万円が47万円に引き上げられます。これによって年金をカットされる対象者がグッと減ります。ただし、この引き上げの恩恵を受ける人は少ないので、該当者はラッキーといえますね。

退職のベストタイミングは65歳ではなく「64歳11か月」！

定年延長で65歳で定年退職の人、再雇用で65歳まで働いてきたけれど、その再雇用もじき終わりになる。でも、もう少し働きたい……と考えているあなた。

「65歳で退職をすると損になります！」

えっ、と驚くかもしれませんが、本当です。

65歳の1か月前に退職をすると、数十万円の得になる可能性があります。

なぜ、このタイミングが得になるのかというと、65歳を境に失業給付の制度が変わるからです。

失業給付（基本手当）は、失業中の生活を心配することなく、新しい仕事を探して1日も早く再就職をしてもらうための給付金です。

この制度は65歳未満と65歳以上では、大きく違ってくるのです。65歳未満に退職した場合は、「基本手当」が支給されます。65歳以降に退職をすると「高年齢求職者給付」に変わります。

ちなみに、雇用保険の基本手当と65歳前の特別支給の老齢厚生年金の両方を受け取ることはできません。

「基本手当」と「高年齢求職者給付」の違いを見てみましょう。

「基本手当」の給付額は、賞与を除く退職前6か月の合計を180日で割った金額のおよそ50～80％（60歳～64歳については45～80％）です。

給付日数は、離職理由と勤続年数で変わってきますが、最大で150日です。

いっぽう、「高年齢求職者給付」とは、65歳を過ぎた人のための失業給付です。給付日数は最大で50日です。どのくらい違うのかを比べてみましょう。

基本手当の場合、20年以上勤務したときは給付日数は150日です。基本手当日額が5000円だとすると、給付金総額は75万円になります（5000円×150日＝75万円）。

高年齢求職者給付は、1年以上勤務した場合は、給付日数は50日です（1年未満は30日）。同じく基本手当日額が5000円だとすると、給付金の総額は25万円になり

▶65歳直前で退職すると基本手当が満額に

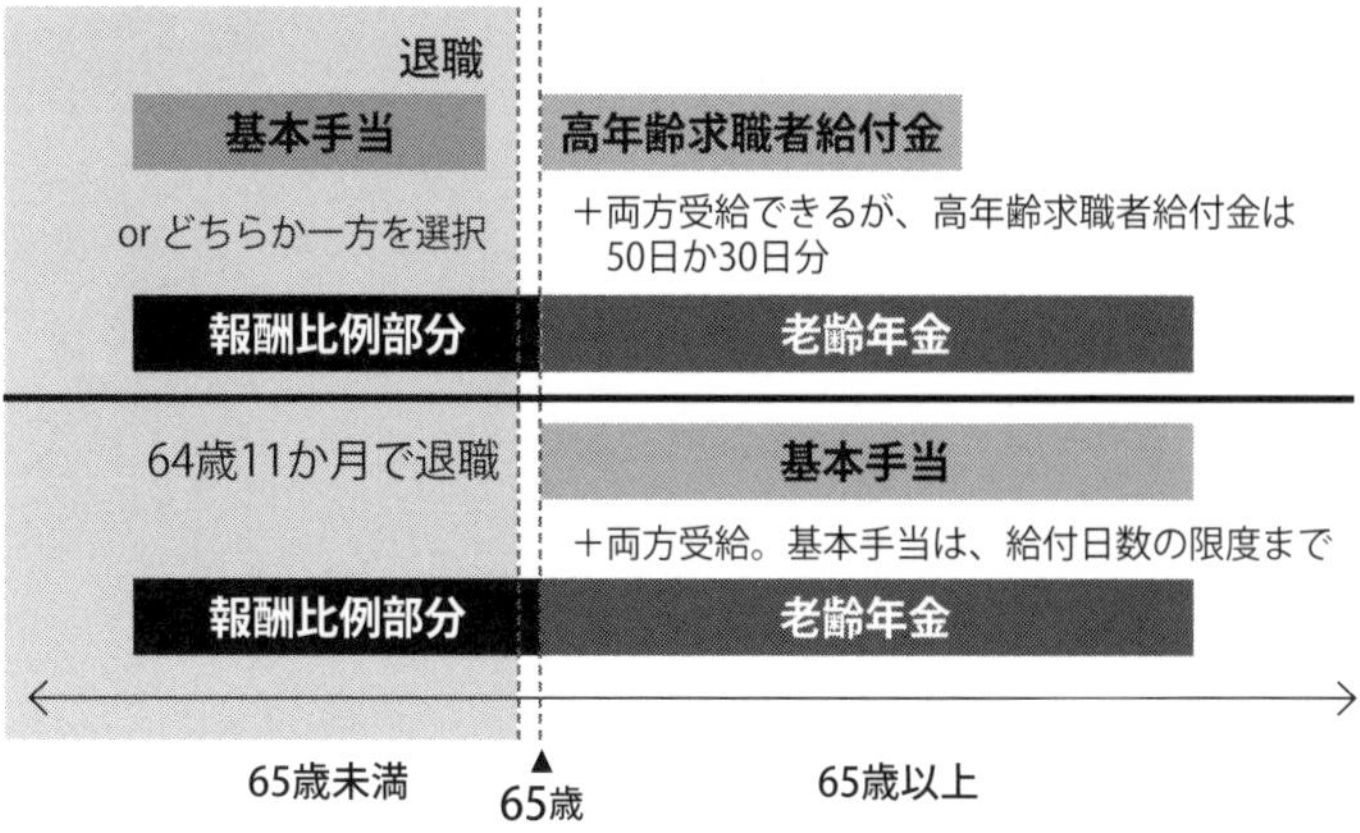

ます（５０００円×50日＝25万円）。

65歳の前と後では、50万円の差がでます。

では、どうすればいいのかというと、65歳の１か月前に退職するのがベストです。

早すぎた場合、65歳までは基本手当と年金を併用で受け取ることができません。

また、できるだけ働いたほうが厚生年金も増えるので、65歳からの年金の受給額も増えます。

１か月前の退職になるので、退職理由は自己都合になります。自己都合だと２か月の給付制限があるため、基本手当は65歳になってからの支給開始になります。ということは、年金と基本手当の満額の両方を受け取ることができるわけです。

退職金は確実にもらえる？ 税金はいくら引かれる？

老後資金でもっとも頼りにしたいのが退職金です。しかし、退職金はすべての企業にあるわけではありません。また、予定していた金額より少ないという場合には、老後生活の資金計画に大きな影響がでることがあります。

厚生労働省「平成30年就労条件総合調査」によると、退職金制度がある企業の割合は80・5％です。99〜30人の小規模の会社だと、77・6％になります。退職金を出さなければいけないという法律はありません。制度は社内規定で決まっていることが多いのです。

退職金の金額は、勤続年数や役職などで変わってきますし、会社の規模によっても、異なっています。

退職金の平均額は、勤続35年間以上で退職一時金制度のみの大卒・大学院退職金の平均額というのは、勤続35年間以上で退職一時金制度のみの大卒・大学院卒の場合は

1897万円、高卒の管理・事務・技術職の場合は1497万円です。

いっぽう、中小企業の場合は少し減ります。東京都産業労働局「中小企業の賃金・退職金事情（平成30年度版）」の60歳定年退職のモデル退職金は、大卒で1203・4万円、高専・短大卒1106・6万円です。

いずれにしても退職金というのは、大きな金額になります。注意したいのが受け取り方です。一時金で受けるのか、年金のように分割して受け取るか、会社によっては、選択できるようになっています。

一時金で受け取るのと年金で受け取るのでは、税金が変わってきます。多くの場合、一時金で受け取ったほうが税金が安くなります。しかし、退職金の金額やその他の所得などによって異なりますので、計算が必要です。かなり難しい計算ですから、わからない場合は、税理士などに相談をするのがいいと思います。

まずは、退職金を一時金で受け取った場合について説明をします。

退職所得控除は税金の優遇が大きく、あまり税金がかからないようになっています。退職所得控除は次のように計算をします。

（退職金−退職所得控除）×1／2×税率＝納める税金

▶退職金の課税対象額はいくら?

例 退職金の支給額が1500万円、勤続年数が23年3か月の場合

①勤続年数

24年(1年未満の端数は1年に切り上げ)

②退職所得控除額

800万円+70万円×(24年−20年)=1080万円

③課税退職所得金額

(1500万円−1080万円)×1/2=**210万円**

具体的な計算は、上の図を参照にしてください。勤続年数が23年3か月で退職金の支給額が1500万円の人は、210万円の所得金額とみなされます。この210万円が課税所得となり、他の所得と合わせて所得税が計算されます。

いっぽう、年金のように分割で受け取ると、金利が少し上乗せになります。年金で受け取った場合には、公的年金控除がありますが雑所得として税金がかかります。再雇用で働くと給与などの所得と合わせて計算しますので、所得税・住民税が上がります。健康保険料などの社会保険料も上がります。

手取り額で考えると、一時金で受け取っ

たほうが控除が大きいぶん、得になる場合が多いのです。また、退職金額が多いときには、一時金と年金の受け取りを併用して、退職所得控除をオーバーした分を年金で受け取るという方法もあります。その場合も、どちらが有利なのかをよく考えてください。

退職金を待ち受ける甘い誘惑にご用心

退職金は、かなりまとまった金額になります。人間、大きなお金を手にすると、気持ちも大きくなりがちです。

ですが、これを「余裕資金」と勘違いしてはいけません。退職金というのは、老後の大切な生活資金です。余裕資金なら多少減ったところで問題ないでしょうが、老後資金は一度減ってしまうと取り返しがつかない事態に陥りかねないのです。活用法は慎重に考えなければなりません。

老後資金を増やすため、退職金を運用したいと考える人も多いでしょう。しかし、運用経験のない人がいきなり投資を始めるのは危険です。

右も左もわからない初心者なら、やはり誰かのアドバイスがほしくなるもの。そこで思いつく相談相手は「銀行」や「証券会社」などの金融機関でしょう。とくに銀行は身近な存在です。彼らはお金のプロなのだから安心できると思いますよね。

ところが、銀行などで相談することこそが、老後資金の「残念な使いみち」につながる危険性が高いのです。

■残念な「一時払い外貨建て変額保険」

老後資金の運用でよく勧められるのが、「一時払い外貨建て変額保険」です。

これは保険商品です。そのため「元本の保証があるので安心です」といわれますが、それはあくまでも外貨での保証なのです。為替《かわせ》の変動によって円での受取金額は変わります。円高の時に保険金を受け取ると、金額が減ってしまうこともあります。

また、契約後は何年かしないと、払い込んだ金額よりも受け取れる外貨の金額は少なくなります。しかも、円から外貨、外貨から円に換える際は為替手数料もかかります。そのほか、販売の手数料などもかかるので、有利な商品とはとてもいえません。

▶退職金特別プランのしくみ

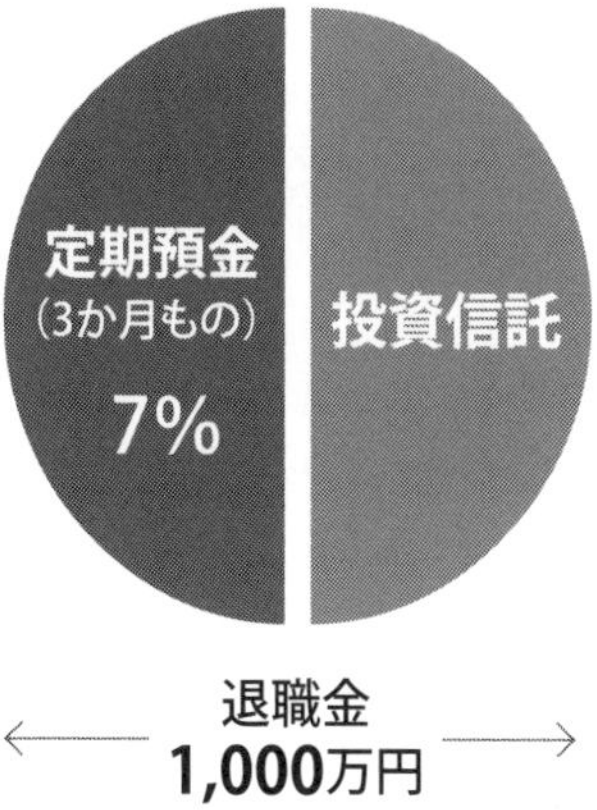

●利息：500万円×（7%÷3/12か月）
＝8万7,500円

●販売手数料：500万円×3.0%
＝15万円

**契約者はマイナス
6万2,500円からの
スタートになる**

解約返戻金《かいやくへんれいきん》が増えるかどうかは為替次第です。保険というより普通の金融商品と同じように考えましょう。

■残念な退職金特別プラン

銀行などには、ビックリするような金利の退職金特別プランという商品があります。これは投資信託と円預金をセットにした商品で、円預金の金利は7％や5％など、いっけん、とてもお得な設定になっています。

しかし、この金利につられてはいけません。申し込んだ時点で大きなマイナスからスタートするため、老後資金を増やすのはなかなか難しい商品なのです。

たとえば、円定期預金7%と投資信託が50%ずつになった商品の場合。退職金1000万円を定期預金に500万円、投資信託に500万円で申し込んだとします。円の金利7%は3か月間の定期なので、3か月を過ぎると通常の金利に戻ります。前ページの図を見てください。7%の3か月間の利息は8万7500円になります。

いっぽう、投資信託は販売手数料3%だとします。つまり、最初の手数料が15万円ですので、マイナス6万2500円から運用がスタートします。

定期預金は金利が0・002%ですから、ほとんど増えません。投資信託の運用がよければいいのですが、信託報酬（次ページ参照）がありますので、資金が増えていくためには信託報酬を超える運用が必要になります。ということは、かなり運用がよくないと増えることはありません。それどころかマイナスになることも考えられます。残念な結果になる可能性が高い商品です。

■残念な投資信託

投資信託とは、投資家から集めたお金をまとめて大きな資金にし、専門家が株式や債券などに運用する商品です。金融機関などでよく勧められます。ただし、銀行などの窓口で勧められる商品は、販売手数料が高く、信託報酬も高い商品が中心です。

信託報酬とは、投資信託を運用・管理する経費のことです。たとえば、信託報酬が3%だったとしたら、運用成績は3%を超えなければ、資金が増えないことになります。逆に信託報酬が1%以下の商品ならば、1%を超える運用があれば、資金が増えていきます。ですので、信託報酬の低い商品のほうが長期投資に向いているといえます。

投資信託の商品は6000本以上ありますが、老後資金の運用に向く長期投資の商品は、じつはほんの少しです。むしろ、ネットで販売している投資信託のほうが、信託報酬が低い商品が多いといえます。

銀行がお勧めと謳《うた》う商品は、やめておいたほうが正解です。

■残念な一括投資

雑誌やWebの記事には、「老後資金は投資などで運用しないと途中でつきてしまいます」と、よく書かれています。たしかに、老後資金を運用することで、資産寿命を延ばすことができます。しかし、それまで運用の経験が少ない人や、まったくない人がいきなり投資を始めるのはとても危険です。失敗をしてしまうケースが非常に多いのです。

その失敗の一つが、一度に全額を投資信託や株式につぎ込んでしまうパターンです。タイミングよく底値で買って上昇すれば儲かります。ですが、高値づかみをして、それからずっと下がり続けることだってあります。これだと投資しないほうがよかったと、悔やむことになります。長期投資の基本は、分散投資です。逆の値動きをする商品を組み合わせてリスク分散することを心がけましょう。

また、一括で全額購入するのではなく、時間をずらしながら投資することでリスク分散をすることができます。

■危ない金融商品、オイシイ投資話にご用心

退職金を狙った金融詐欺にも注意が必要です。自分は絶対に大丈夫だと思っていませんか?

「リスクがなく、絶対に儲かる商品がある!」

こんな謳《うた》い文句につられ、どんな内容か聞いてみよう……などと思うのが悲劇の第一歩です。

世の中には「リスクもなく絶対に儲かる」商品も投資もありません！ そんなオイシイ商品があれば、人にはいわずに自分でやっています。この手の話は詐欺だと思って間違いないでしょう。くれぐれもご注意ください。

定年前後の手続きしだいで損得が分かれる

定年後のお金の話を中心に年金や退職金の話をしてきましたが、定年前後の手続きもとても煩雑《はんざつ》です。定年前後の手続きは、期限の決まっているものもあり、遅れると大きな損につながることもあります。

定年前後にやるべき手続きについて、ここから解説をしていきましょう。

定年を迎えるにあたってとるべき手続きは、大きく分けて三種類です。

・年金関係
・雇用保険
・健康保険

60歳で定年退職、そのままリタイアの場合

60歳で定年退職をした場合、約8割の方が再雇用または再就職をして働いていています。しかし、約2割の方は、そのままリタイヤ、または独立・開業などの自営業の道に進んでいます。

まず、60歳で定年退職をして、会社で働かない（厚生年金に加入しない）ときには、どんな手続きが必要なのかを解説します。

■妻の国民年金の加入を忘れずに

夫が60歳で定年退職をして、そのまま仕事を辞めた場合には、国民年金に加入する必要はありません。国民年金の加入条件は20歳から60歳までの40年間です。しかし、

妻が年下で専業主婦の場合には注意が必要です。専業主婦の妻は第3号被保険者になっているケースが多いです。夫が第2号被保険者ではなくなった際は、妻は第1号被保険者の変更届が必要になります。もし届け出を出すのを忘れると、国民年金の加入期間に空白期間ができて、そのぶん、年金の受給額が減ってしまいます。くれぐれも手続きを忘れないようにしましょう。

■国民年金の任意加入で年金額アップを狙う

国民年金は原則、20歳から60歳まで40年間の支払いが義務づけられています。10年以上保険料を納めれば年金の受給資格を得られます。40年間納めると、満額支給で78万1700円（2020年4月）です。

大学時代などは国民年金の特例制度があるので、支払っていないケースが多いのではないでしょうか。ですので、40年間の満額という人はかなり少ないと思います。

60歳を過ぎても40年間の満額に達していない場合には、国民年金に任意加入をすることができます。任意加入によって、年金受給額を増やせるのです。国民年金の保険料は、半分、国が負担しているお得な制度です。ぜひ利用してはいかがでしょうか。

▶付加年金のしくみ

国民年金保険料

＋

付加年金 400円

付加年金を10年間払ったら

- **付加保険料**
  400円×10年（120か月）
  ＝48,000円

- **付加年金額**
  200円×10年（120か月）
  ＝24,000円（年額）

わずか２年で元が取れるお得な年金

国民年金の保険料は、月額１万６５４０円（２０２０年度）です。５年分の総額は、99万２４００円です。すると、65歳からの受取額は、年額９万７７１３円アップします。

65歳から75歳の10年での増額総額は、約97万７０００円です。したがって、約10年でほぼ支払った分を取り返せる感じになります。75歳を超えて長生きすれば、それ以降はどんどん得をしていくわけです。

年金を増額するには、とても効率がいい方法です。

また、60歳以降、フリーランスや自営業などで働いていて所得がある場合には、非常に有利になります。なぜなら、国民年金の掛金が全額控除になるからです。大きな節税になる点も魅力です。
おまけに付加年金をつけることができるので、さらにお得感がアップします。
付加年金とは国民年金に上乗せできる制度です。保険料は月額400円ですが、2年で元が取れてしまいます。

■さらに得な国民年金基金

さらに得な制度があります。それは国民年金基金です。国民年金基金は国民年金の2階建て部分に当たります。会社員などの厚生年金部分に相当するといっていいでしょう。国民年金基金の加入条件は第1号被保険者であることです。60歳以降は、国民年金の任意加入が条件になります。

国民年金に任意加入をする人には、国民年金基金への加入をお勧めします。掛金の上限は6万8000円です。終身年金と確定年金がありますが、長寿があたりまえの時代ですので、一口目は終身型ですが、二口目以降も終身型を選ぶのがいいでしょう。

大きなメリットは、掛金の全額が所得控除になること、そして年金額が増えることです。

▶国民年金基金のしくみ

- 60歳男性　終身型（保証期間なし）
- 65歳まで加入

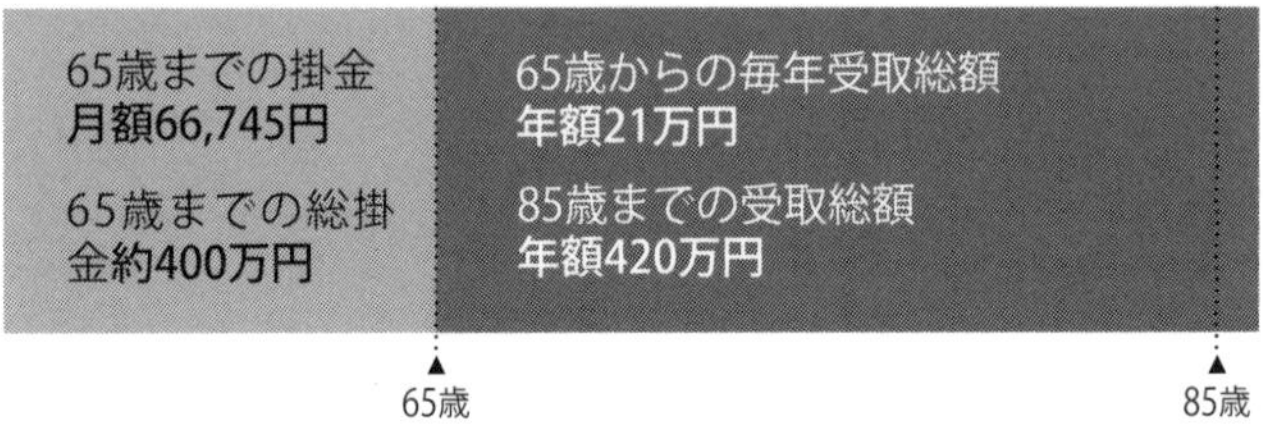

男性60歳。終身型（保証期間なし）で、月額の掛金は6万6745円、払込総額は400万4700円です（掛金の上限は6万8000円ですが、口数の関係でピッタリになりません）。
65歳からの年金額は21万円になります。
75歳までの年金受取総額は210万円、85歳までの年金受取総額は420万円です。ということは約19年でほぼトントンで、20年目からプラスになります。
嬉しいのが全額所得控除になること。所得税が10%だと、所得税・住民税あわせて年16万1869円の税金が戻ってきます（5年分だと80万9345円）。

実際の金額を出してみましょう。右ページの図を参照してください。

損益分岐点は、約19年（約84歳）ですが、それ以降は、どんどん得になります。

とくにフリーランスや自営業などで働いている人には、掛金の全額が控除になるのでメリットが大きいといえます。節税の意味でも大きく、これを利用することによって損益分岐点も下がります。

雇用保険

再就職を目指す人は「失業給付」が受けられる

会社を退職したあと、そのまま再雇用ではなく、再就職を考えている人には、雇用保険がたいへん役に立ちます。

雇用保険と聞いて、まずイメージするのが失業給付です。雇用保険では基本手当といいます。会社から「離職票」を受け取り、ハローワークにいって失業給付の手続きをしましょう。

69ページでも説明したように、65歳未満の方は失業期間中は、基本手当を受け取ることができます。受け取れる基本手当の日額は、賃金日額（賞与を除く退職前6か月間の1日あたりの平均賃金）に一定の給付割合を掛けた金額です。給付率は、60歳未満は50～80％ぐらいで、60～64歳は45～80％ぐらいになります。

▶基本手当がもらえる日数

●定年、契約期間満了や自己都合退職の人

被保険者であった期間		1年未満	1年以上5年未満	5年以上10年未満	10年以上20年未満	20年以上
区分	45歳以上65歳未満	—	90日		120日	150日

●障害者などの就職困難者

被保険者であった期間		1年未満	1年以上5年未満	5年以上10年未満	10年以上20年未満	20年以上
区分	45歳未満	150日	300日			
	45歳以上65歳未満		360日			

●特定受給資格者・一部の特定理由離職者

被保険者であった期間		1年未満	1年以上5年未満	5年以上10年未満	10年以上20年未満	20年以上
区分	45歳以上60歳未満	90日	180日	240日	270日	330日
	60歳以上65歳未満	90日	150日	180日	210日	240日

「会社都合」と「自己都合」では支給開始までの待期期間が違いますし、勤続年数で給付期間は変わってきます。

失業給付は求職活動をすることが条件ですので、そのまま仕事をしないという人はダメです。不正受給をすると厳しい処分があります。

■キャリアアップの助け「教育訓練給付制度」

雇用保険には失業給付のほかにも、さまざまな給付金の制度があります。

そのお得な制度の一部を紹介しましょう。

キャリアアップを目指すならば、「教育訓練給付」はとても便利な制度です。「教育訓練給付制度」は「一般教育訓練」「専門実践教育訓練」「特定一般教育訓練」の3つがあります。対象者は雇用保険の被保険者で、支給要件期間が3年（一般教育訓練・特定一般教育訓練を初めて受給する場合は1年、専門実践教育訓練は2年）以上ある人です。

一般教育訓練は、専門学校の授業料の20％相当額が戻ってきます（支払い上限額は10万円）。

特定一般教育訓練は、支払った授業料の40％相当額が戻ってきます（支払い上限額は20万円）。

資格の種類は、プログラミング、Webクリエイター、TOEIC、行政書士など多彩な講座があります。詳しくは「厚生労働大臣指定一般教育訓練講座一覧」のWebサイトをご覧ください。ここに載っている講座が使えます。

「専門実践教育訓練」は、特定一般教育訓練よりも、専門的で資格所有が1年以上3年以内の養成機関が対象となります。資格は、調理師、栄養士、保育士、看護師、理学療法士、美容師などさまざまです。

こちらは専門教育にかかった費用の50％がハローワークから支給されます（限度額は120万円）。さらに、資格修得修了から1年以内に就職をすると70％の支給になります。

▩再雇用や再就職で下がった賃金をフォローしてくれる

60歳以降、同じ会社で再雇用され、賃金が75％未満に下がった場合、雇用保険から「高年齢雇用継続給付金」が支給されます。支給金額は、60歳までの賃金の原則15％です。これを65歳まで受け取ることができます。

いっぽう、60歳で一度退職をして再就職したものの、給料が75％未満に下がったときには、「高年齢再就職給付金」が支給されます。支給金額などは高齢者再雇用給付金と同じです。

しかし、残念ながら双方とも2025年から段階的な廃止が決まっています。

■介護にも育児にも保障がある

家族の介護が必要になったときに使えるのが「介護休業給付」です。一人の介護に対して最長3か月の介護給付金が出ます。支給額は、原則として賃金の67％で最大93日分を受け取ることができます。介護休業期間は、3回以内に分けて取ることもできます。また、違う家族に介護が必要になったら、別に介護給付金を受けられます。

とくに「介護休業給付」は、高齢者にとって役に立つ給付金です。たとえば、60代で働いている方の両親は、80代、90代と介護が必要な年齢になっているのではありませんか。介護をするときに、退職をして収入がなくなってしまうのは不安です。この給付制度を利用するように考えてみましょう。

また、1歳未満の子どもがいる会社員は、一定の要件を満たせば、「育児休暇」を取ることができます（支給延長の場合は2歳まで）。そして、休んだ期間中の「育児休暇給付金」が雇用保険から出ます。支給額は、原則として休業開始賃金日額の67％です。育児休業開始6か月後からは50％相当額になります。

「パパママ育休プラス制度」を利用すると、子どもが1歳2か月まで利用できます。

健康保険

定年後の「健康保険」は4つの選択肢がある

退職するときは、健康保険の切り替えを忘れてはいけません。健康保険証がないと、クリニックや病院での治療費や薬代が全額自己負担になってしまいます。選択肢は国民健康保険だけでありません。どれを選ぶかで保険料は大きく変わってきます。

■健康保険の任意継続被保険者になる

これは退職した後も、そのまま2年間は継続できる制度です。国民健康保険とどちらが得かは一概にいえません。退職前の給与が高い人は、任意継続被保険者を選んだほうが得になることが多いといえます。

とはいえ、それまで会社が半分負担していた分も自分で払うことになりますから、保険料は約2倍になります。ただ標準報酬月額は最高でも30万円程度と上限が決まっているので、給与の高い人にはお得です。

この手続きは急ぐ必要があります。退職の翌日から20日以内に、手続きを済ませなければなりません。退職前から考えておいてください。

■国民健康保険に加入する

国民健康保険は世帯単位で加入するため、家族それぞれに保険料の負担が発生します。国民健康保険の保険料は、前年の所得から計算される所得割と、被保険者の人数で計算する均等割で構成されています。

■特定健康保険組合の特例退職被保険者になる

退職時に、特定健康保険組合の特例退職被保険者であった人が選べる制度です。しかし、最近は組合自体が少なくなり、加入条件も厳しいので利用できる人は限定されています。

■家族の被扶養者になる

配偶者や子どもの健康保険の被扶養者になれば、保険料は必要ありません。ただし、年収などの条件が厳しいため、確認が必要です。

定年後にあなたを待ち受ける5つの崖とは

「準備は万端。老後の資金計画をしっかり立てたから、95歳まで資金がマイナスにならないぞ」という人は、おおむね安心です。

ここ、注意してくださいね。おおむねであって、完全とはいいきれません。人生は山あり谷あり。そして、定年後には5つの崖《がけ》が待っているのです。

■第1／再雇用・再就職の崖

60歳で定年退職したあと、多くの人が再雇用で働いています。

正社員ではなく契約社員という形態をとっている会社が多く、それまでの給料に比べて半分になることも珍しくありません。給料が50歳時の75％未満に落ちた場合は、高年齢雇用継続給付金を受け取れたのですが、２０２５年より段階的に廃止されることが決まりました。

現役時代と同じような生活を続けていると、年金だけになったときのために取っておいた資金に手をつけるハメになりかねません。そんなことになったら、老後の資金計画は崩れてしまいます。

60歳から65歳は再雇用によって少しは収入もありますが、ここは年金暮らしへの助走期間です。年金だけの生活に合わせて支出をしっかりと見直しましょう。

■第２／65歳の崖

65歳で再雇用が終了し、収入は公的年金に頼る人が多いと思います。つまり、年金生活のスタートです。

隔月に振り込まれる年金だけで足りないときは、老後資金の取り崩しになります。ここで生きてくるのが、60歳からの支出の見直しです。きちんと見直して年金生活へ移行できれば、取り崩しの額は減って資産寿命が延びます。また、少し働いて月に数万円でも入れば、さらに資産寿命を延ばすことができます。
この時期は「収支のバランス」がとても大事です。

■第3／企業年金終了の崖

現在、企業年金の多くは確定年金です。平均でいうと15年というのが多いようです。ということは、60歳から企業年金が始まると、75歳くらいで終了になります。この点に気づいていない人がけっこういます。「ずっともらえると思っていた」と勘違いしていませんか。年金額はそれぞれ異なりますが、毎月の5万円や10万円がなくなるのは、かなりのダメージです。老後資金の取り崩しがグッと増え、資金計画が崩れ、老後破綻になる恐れもあります。企業年金終了の通知を受け取ってから慌《あわ》てないよう、さらに生活費の収支を見直しておく必要があるかもしれません。

■第4／介護・認知症の崖

年齢が上がるにつれ、どこかしら身体に不調が出てくるものです。いくら元気だといっても、70歳以降はとくに健康には留意してください。

介護には約800万円かかるといわれています。何も用意をしていなければ、老後資金から捻出《ねんしゅつ》するしかありません。予備費として事前に準備しておきたいものです。

健康面については次章で詳しくご説明します。

■第5／配偶者の死亡の崖

夫が先に亡くなった場合、妻には遺族年金が支給されます。金額は老齢厚生年金の4分の3です。夫の老齢基礎年金はなくなります。また、妻も老齢厚生年金を受給していると、一部または全額が支給停止になることもあります。

妻が先に亡くなった場合は、妻の老齢基礎年金がなくなります。

いずれにしろ、夫婦二人分の公的年金で生活していたより、額が少なくなります。一人になれば生活費は減るかもしれませんが、年金の減少額のほうが大きいので、生活が厳しくなるのは間違いありません。生活費がギリギリだったら、老後資金の取り崩しが多くなると予想されます。

そして、なにより精神的なダメージが大きいことは、いうまでもありません。

これら5つは、避けることが難しい崖です。事前に準備しながら、乗り越えていくしかありません。足を滑らせて老後破綻へ転がり落ちないようにしてください。

「不動産」を「負動産」にしていませんか

老後のお金で、気になるところは「相続の問題」です。相続は、複雑で生前にキチンと準備をしておきたい大きな課題です。

相続の問題は、とくに「生きがい」にも密接に連動しているので、Part3の「生きがい」のところで詳しく説明をします。

ここでは、相続に関係しますが、盲点になりがちな「不動産と老後資金」の関係についてて話してみようと思います。不動産と老後資金が結びつくとは、あまりピンとこないのではありませんか？　じつは、不動産を活用することで、老後資金に活かせたり、相続の問題、ひいては「空き家問題」も解消できるかもしれません。

もし、当てはまる項目があったら、考えてみてはいかがでしょうか？

■不動産という資産を老後資金に活かすには

住宅ローンや子どもの教育費などで家計は火の車。老後資金を貯める余裕なんてなかった。貯金はないし、資産も持っていない。このままでは悲惨な老後が待っているんじゃないか……。

こんな不安を抱えている人も多いと思います。

でも、資産がないと勘違いしているのかもしれません。その資産とは「不動産」です。日本人は欧米と比べて有価証券（株式や投資信託）などの金融資産は少ないのですが、実物資産（土地や建物、貴金属など）を多く持っています。

「自分の家が資産になる」と聞いて、なるほどと納得する人は少ないでしょう。大半は「だってずっと住むから」という感覚でいるからです。それでいて誰も相続せず、空き家になるケースのなんと多いことか。これではせっかくの「不動産という資産」が「負動産」になってしまいます。日本は不動産を活かす発想が少ないため、住宅の流動性が低くなっています。結果、売りにくいという負のスパイラルもあります。

しかし、気づいていないから活かせないだけなのです。高齢になったときの住み替えを考えることが、老後資金の問題を一気に解決する方法にもつながるのではないかと思います。

たとえば、夫婦と子ども3人の5人家族が、都心から少し離れた場所に3LDKのマイホームを購入したとします。子どもが独立したあとは部屋が余りますが、貸すこともできません。これはもったいない話です。

この場合は、長い老後生活を見据えて、便利な都心に住み替える方法があります。現在住んでいるところの条件がよければ、それなりの価格で売却することができます。売却資金を使って二人暮らしにちょうどいいマンションを購入する手もあるでしょう。

また、終《つい》の棲家《すみか》を考えるなら、介護設備がついた高齢者住宅を検討してもいいと思います。「夢のマイホーム」ではありますが、一生住みつづけるという発想は転換しましょう。マイホームは大きな資産なのです。

マイホームを売却し、そのお金を繰下げ受給までの生活資金に利用する方法もあります。

こちらは都心のマンションを購入するのではなく、賃貸マンションで暮らします。

70歳まで繰下げれば、年金は42％の増額になります。年金を受け取るまでの生活費として売却資金を使うわけです。

自分は都心の少し狭い賃貸マンションで暮らし、自宅を賃貸に出すこともできます。家賃収入のほうが上まわれば、生活費の足しになります。

その後、売却すれば、まとまったお金が入るかもしれません。

住み慣れた家を手放すのは抵抗があるという気持ちもわかりますが、ちょっと想像してみてください。

「夫婦二人には広すぎるかな」「交通の便が悪くて不自由だな」と感じながら住みつづけるのは、はたして快適でしょうか。

配偶者が亡くなったあと、高齢者がひとりで不動産を維持していくのはかなりきついものです。手入れが行きとどかなかったり、リフォームもままならなくなります。そのうち高齢者施設で暮らすことになるかもしれません。そうなったら、家は空き家になってしまいます。

さらに、子どもたちの間で相続争いの種になる可能性もあります。賃貸に出すにしても、老朽化した家はリフォームするのにかなりの費用がかかるかもしれないのです。

せっかく手に入れた夢のマイホームが朽ち果ててしまうのは、忍びないと思いませんか。資産とは活かしてナンボだと私は考えます。

まずは自分の持っている不動産の価値を確かめてはいかがでしょう。ネットでもある程度はつかめますし、「不動産鑑定士」などに依頼すると、正確にわかります。

Part 2

健康

介護・認知症の
不安に
どう備えるか

老後不安のツートップは「お金」と「健康」

老後不安に関するアンケートで、必ず筆頭にあがってくるのが「お金」と「健康」です。老後生活を楽しく過ごすためにはどちらも重要ですし、さまざまな場面でリンクしてきます。

しかし、健康はお金以上にプランニングが難しいといえます。というのも、「いつ」「どんな問題」が生じるか、予測不能だからです。

とはいえ、しっかり対策することで、かなりのリスクを回避できます。症状を軽くしたり、精神的な負担を減らすことへとつながっていきます。

健康とお金の問題がいっぺんに降りかかってきたら、それこそたいへんです。ここからは健康面について見ていきましょう。

プロローグでも少し触れた「平均寿命」と「健康寿命」を覚えていますか。健康寿命とは、健康状態に問題がなく日常生活を送れる期間を指します。

平均寿命は、男性が81・41歳、女性が87・45歳（2019年簡易生命表）です。

では、健康寿命はといえば、厚生労働省の2016年のデータによると、男性が約72歳、女性が約75歳です。

これは男性が約9年間、女性は約12年間、なんらかの不健康な状態が続くことを意味しています。両者の差に驚いたかもしれませんね。

医学の進歩により、平均寿命は延びています。以前では不治の病といわれていた病気も治るようになってきました。

また、がんの5年生存率はどんどん上昇していますし、脳梗塞《のうこうそく》も治る病気に変化しています。心臓疾患などを抱えながらも生活を続けることができます。認知症や介護状態になっても、生きてはいられます。

健康寿命も延びてはいますが、延び続ける平均寿命に追いつけていないのです。健康に何かしら問題がある状態が9～12年続くのは、ここ数年の傾向だと思ってください。

要介護の状態にならないことが大事

年齢が上がるにつれ、健康のリスクが高くなるのは仕方がありません。

さて、どうすればいいのでしょう。多少の不具合とはうまく折り合いをつけるとして、結局は「介護が必要な状態にならないようにする」につきます。

健康な状態を維持する特効薬はありませんが、日常の習慣に気をつけることはとても大切です。いわゆる生活習慣病を予防するには、バランスの取れた食生活、塩分控えめの食事、定期的な運動などを心がけることが一番でしょう。

若いころは回復が早いものですが、年を取ると入院も長くなります。全年齢の平均入院日数は29・3日です。それに対して、65歳以上は37・6日、75歳以上は43・6日となっています。

健康が損なわれると気持ちも落ち込んでしまいますが、お金もかかります。

年齢が上がるほど入院が長くなり、治療費もかかります。こう聞くと、やはりお金が不安になってくるでしょう。しかし、自己負担額はそれほど多くありません。健康保険がありますから、自己負担は治療費の3割です。70歳からは自己負担は2割になり、さらに75歳からは後期高齢者になるため1割に減ります（現役並みの所得者は3割）。

また「高額療養費」も使えます。70歳以上の一般的な所得の人なら、自己負担額の上限は5万7600円になります。収入が年金だけで住民税が非課税の場合は、2万4600円（年収80万円以下は1万5000円）が上限です（健康保険の自己負担額、高額療養費制度の自己負担額は、所得によって異なります）。

「入院が心配。医療保険に入ろう」と焦《あせ》る人もいますが、高齢だと保険料が高くなります。安心を得たい気持ちはわかりますが、医療保険は優先度の低い商品です。

介護の問題は、ある日突然やってくる

自分の介護は遠い未来の話ですし、親の元気な姿を見ていると、まだまだ先のよう

な感じを受けますが、介護が必要になるときは、突然やってきます。そのときになってから慌てないよう、備えだけはしっかりしておきましょう。

身体が徐々に弱ってくるなら、それに合わせて準備も整えられますが、要介護は予期せぬタイミングで始まる場合も多いのです。

厚生労働省「国民生活基礎調査」（平成28年）のデータによると、介護が必要になった主な原因の1位は認知症（18・0％）、2位は脳血管疾患（16・6％）、3位が高齢による老衰（13・3％）、4位が骨折・転倒（12・1％）です。なかでも、2位の脳血管疾患と4位の骨折・転倒は、介護が突然始まることが多いといえます。

では、要介護になった場合はいくら必要でしょう。

公的介護保険がありますから、原則1割の負担で介護サービスを受けられます。ですので、自己負担はそれほど多くなりません。しかし、公的介護保険だけでは賄《まかな》いきれない部分があるのも事実です。公的介護保険の上限を超えたぶんや、対象外のサービスは自己負担になります。

損保ジャパン日本興亜の「介護費用に関するアンケート調査」（２０１９年）では、介護にかかる初期費用は98・1万円、月額費用は12・7万円、介護期間の平均は約3

年7か月、介護費用の総額は平均787万円となっています。平均期間は約3年7か月ですが、実際にどのくらい続くかわかりません。介護費用として800万円くらいは準備しておきたいものです。

民間の介護保険もありますが、介護費用は保険より現金で備えるほうが合理的です。生命保険文化センターのデータで見ると、80歳前半で要支援・要介護の認定者は約3割です。85歳以上では約6割となります。微妙な割合であり、介護が必要になるか否かはなんともいえませんね。だからこその現金なのです。

もし介護が必要になれば、介護費用を取り崩せばいいのです。元気で暮らせるのなら、美味しいものを食べたり、配偶者の死亡に備えるなど、老後資金に充《あ》てられます。あるいは、子や孫に残すお金にもなります。現金はいろいろな用途に使えるため、便利なのです。

しかし、余裕資金がなくて介護費用の準備ができない人は、保険で備える手もあります。その場合は、死亡保障がない保険料の安い商品を選びましょう。大事なのはなんといっても老後の生活です。保険料が高いと老後の生活費まで圧迫してしまいます。

介護保険のしくみ、ちゃんと知っていますか

自分だけですべて対処しようとすると、介護はとても大きな負担になってしまうことがあります。

高齢者同士の介護を老老介護、認知症同士の介護を認認介護というように社会問題にもなっています。ゆえに、どうしても公的な介護サービスが必要になってきます。第一歩として公的介護保険について理解することがとても重要です。いざ必要になったとき十分に使いこなすためにも、しくみを知っておきましょう。

介護保険料は、原則40歳以上の人が支払っています。介護保険は40歳からスタートしているといえます。そして、介護保険は年齢によって2つに大別されます。

・**40~65歳未満**　第2号被保険者と呼ばれ、16種類の特定疾病にかぎり、介護サービスを受けられます。

・**65歳以上**　要介護状態になった場合は、原因を問わずサービスを受けることができ

▶要支援・要介護の目安と限度額

区分		要介護・要支援認定の目安	1か月の支給限度額	自己負担額
軽 介護予防	要支援1	**日常生活の一部について介助を必要とする状態**／入浴や掃除など、日常生活の一部に見守りや手助けなどが必要	50,320円	5,032円
介護予防	要支援2	**生活の一部について部分的に介護を必要とする状態**／食事や排泄など、時々介助が必要。立ち上がりや歩行などに不安定さがみられることが多い。この状態のうち、介護予防サービスにより状態の維持や改善が見込まれる人は要支援2	105,310円	10,531円
介護	要介護1		167,650円	16,765円
介護	要介護2	**軽度の介護を必要とする状態**／食事や排泄に何らかの介助が必要。立ち上がりや歩行などに何らかの支えが必要	197,050円	19,705円
介護	要介護3	**中等度の介護を必要とする状態**／食事や排泄に一部介助が必要。入浴などに全面的な介助が必要。片足での立位保持ができない	270,480円	27,048円
介護	要介護4	**重度の介護を必要とする状態**／食事に一部介助が必要。排泄、入浴などに全面的な介助が必要。両足での立位保持ができない	309,380円	30,938円
介護 重	要介護5	**最重度の介護を必要とする状態**／日常生活を遂行する能力は著しく低下し、日常生活全般に介護が必要。意思の伝達がほとんどできない	362,170円	36,217円

ます。

公的介護保険をひと言で説明するなら、「介護が必要になったとき、介護サービスを原則1割負担で受けられる制度」です。民間の介護保険は、保険の要件に適用すると、給付金〈現金支給〉で助けてくれます。公的介護保険は現金ではなく、〈現物支給〉なのです。こういった違いがあります。

要介護のレベルは「要支援1・2」と「要介護1～5」の7段階に分かれています。この段階によって受けられるサービスや支給限度額が変わってきます。自己負担額は原則1割ですが、所得によって2～3割の負担になります。

前ページの表は、要介護度と支給限度額、サービスの目安を表しています。

たとえば、要介護2なら、月額19万7050円までのサービスを受けることができます。自己負担が1割であれば、最高で1万9705円の負担です。もし、上限を超えたサービスを受けたときには、そのぶんが自己負担になります。

しかし、上限を超えた場合でも、自己負担額の軽減制度があります。「高額介護サービス費」「高額医療合算介護サービス費」がそうです。

「高額介護サービス費」は、同じ世帯に複数のサービス利用者がいる場合に、世帯で合算できる制度です。

「高額医療合算介護サービス費」は、1年間で公的医療保険と介護保険の自己負担額を合算して限度額を超えた場合に、払い戻しを受けることができます。限度額は所得に応じて異なっています。

介護の満足度は「ケアマネージャー」しだい

次は、介護保険の手続きです。

介護が必要になったときは、まず「地域包括《ほうかつ》支援センター」、または市町村の介護相談窓口に相談をしましょう。

地域包括支援センターとは、「介護」「医療」「保険」「福祉」など、高齢者に必要なサービスを一括で提供するところです。各市町村ごとに複数箇所があります。保健師、社会福祉士、主任介護支援専門員などを配置し、地域の住民を包括して支援する目的の施設です。

地域包括支援センターに相談をすると、ケアマネージャーなどの介護事業者を紹介してくれます。ケアマネージャーが利用者の状態にあったケアプランを作成し、このプランに基づいた介護サービスを利用することができます。

ケアマネージャーは、利用者とサービス事業者の調整役も担っています。さらに、さまざまな申請の補助など、仕事は多岐にわたっています。

満足できる介護になるかどうかは、ケアマネージャー選びにかかっています。優秀であることも大事ですが、利用者との相性も大切です。もし、相性がよくなければ、変更することもできます。その際は、ケアマネージャーを紹介してくれたところに相談してみてはいかがでしょうか。

介護申請から介護の認定結果がわかるまでの期間は、原則30日以内となっています。利用者が入院していて退院したらすぐに介護が必要であれば、入院している間に介護申請をしておきましょう。入院中でも調査判定を進めることができます。

「公共型」の高齢者施設の特徴は？

「老人ホームへの入居を考えているんだけれど、どうやって選べばいいのかさっぱりわからないんだ。スタッフから虐待を受けたなんてニュースも見かけるでしょう。そうすると、よけいに不安で……」

こんな悩みをよく聞きます。

ひと口に「老人ホーム」といっても、さまざまな種類があります。利用できる条件や目的による違いもありますし、料金もピンキリです。

まずは、老人ホーム・介護施設の種類と違いについて解説していきましょう。

老人ホームは、「公共型」と「民間型」に大きく分けることができます。

「公共型」には、特別養護老人ホーム（特養）、介護老人福祉施設、介護療養型医療施設（介護医療院）、軽費老人ホーム、公営高年齢者向け賃貸住宅などがあります。

■特別養護老人ホーム（特養）

公共型でもっとも一般的な施設が、「特別養護老人ホーム（特養）」です。月額の費用が安いのが特徴ですが、入居の条件は要介護3以上です。

かつて、特養は待機者が多く、入居するまで1年待ちということもありました。しかし、現在はかなり解消されてきました。地域によってはまだ待機者が多いところもありますが、空きが出ている施設もあります。

■介護老人福祉施設（老健）

老健は、病状の安定した人が、看護や医学的管理の下で介護、機能訓練などを受け、自宅復帰を目指す施設です。つまり、病院と自宅をつなぐ中間の場所で、原則として3～6か月程度しか入居できません。しかし、実態は入居の期限がくると別の施設に住み替えたり、一時的に入院したりするなどで、長期間入所している人もいます。

■介護療養型医療施設（介護医療院）

介護療養型医療施設は、2024年3月までに廃止することが決まっています。その後継施設として「介護医療院」が創設されました。介護医療院は、長期的な医療と介護の両方を必要とする人のための施設という位置づけです。

これら3つの施設は、介護認定を受けた要介護者でなければ入居することができません。

■その他の施設

「軽費老人ホーム」は、60歳以上で、自立して生活するには不安がある身寄りがない人や、家族の援助を受けることが困難な人向けの施設です。

「公営高齢者向け賃貸住宅」は、自治体などの公的な高齢者向けの住宅です。

「民間型」老人ホームの特徴は？

「民間型」の施設には、「介護付き有料老人ホーム」「住宅型有料老人ホーム」「サービス付高齢者向き住宅（サ高住）」などがあります。

■介護付き有料老人ホーム

有料老人ホームは、特養と比較すると費用が高めになります。また、施設によっては、高額な入居一時金が必要なこともあります。

「介護付き有料老人ホーム」は、入居するホームが介護サービスを提供しています。

介護の職員が配置されていて、手厚い介護を受けることができます。

■住宅型有料老人ホーム

「住宅型有料老人ホーム」と「介護付き有料老人ホーム」との違いは、介護サービスです。「住宅型」は、介護が必要になったとき外部のサービスを利用することになります。多くの場合、同じ敷地内に系列の事業者が入っているので、必要に応じた介護サービスを受けられます。

ただ、施設によってその体制が違ってくるため、確認が必要です。

■サービス付高齢者向け住宅（サ高住）

「サ高住」は、介護サービスを外部に頼む点は「住宅型有料老人ホーム」と近いのですが、「賃貸住宅」であることが大きな違いになります。ですので、有料老人ホームよりも入りやすく、退去もしやすいのです。

しかし、「サ高住」の基本的なサービスは、安否確認と生活相談のみです。その他の介護サービス、サポートについては施設によってかなり異なり、玉石混交《ぎょくせきこんこう》だといえます。施設選びには注意が必要です。

とくに介護体制については、入念に確認をしておきたいものです。「住宅型」「サ高住」は外部のサービスを利用するため、重度の認知症や看取《みと》りには対応していない場合が多いのです。入居後の身体の状態によっては退去ということもあります。

また、入居時の想定より長生きをして資金が途中でなくなれば、退去を求められることもあります。

老人ホームを選ぶ際は、長期的なプランニングも必要になります。

老人ホーム・介護施設のかしこい選び方

老人ホームや介護施設を選ぶときは、入居の目的と求めるサービスをしっかりイメージすることが重要です。さらに症状が進んだ場合のことも考慮に入れて、認知症の対応や看取りについても確かめておいたほうがいいでしょう。

また、医療の面も受けられるサービスが異なります。持病のある人は、事前に確認が必要です。

このように、求めるものによって施設選びは変わってきます。

老人ホームや介護施設はネットでも検索できますが、最終的に選ぶ前には現地を見学してみましょう。見学は数をこなせばいいというものではなく、3～4か所を見ると雰囲気の違いがだいたいわかってきます。あまりたくさん見学するのは負担ですし、逆に迷う原因にもなります。

施設見学のポイントは次のような点があげられます。

○目的や条件にあった介護ができているか
○ホーム全体の雰囲気は明るいか
○トイレ、廊下などは清潔に保たれているか
○職員の挨拶・対応はしっかりしているか
○食事の介助は丁寧か、献立は豊富なのか

見学をしてみたい施設が決まったら、直接連絡をとって見学の予約を申し込みます。その際、できればランチタイムのときにいくと雰囲気がわかりやすいそうです。とくに、食事の介助が丁寧におこなわれているのかどうかをチェックできます。

玄関や廊下、トイレなどは清潔に保たれているかも確認してください。廊下に物が置かれているようでは、転倒などの危険もあります。

また、トイレの付近にまで悪臭が漂っていたり、不衛生になっているようなら、職員不足で手が回っていないことも考えられます。

職員の挨拶や言葉づかいが明るいことも重要です。同時に、入居者の表情も見ておいてください。暗いようだと、居心地の悪いホームになる恐れもあります。ほかの入居者の介護レベルが、これから利用する人のレベルと合っているかどうかも大切です。レベルが合わないと、入居後につらい思いをすることになります。

現場の責任者の話をうかがえればさらにいいでしょう。介護の方針などがわかり、安心して入居できるからです。

そして、チェックポイントに問題がなければ、一度、体験入居をお勧めします。特養などは体験入居ができませんが、ショートステイなどを利用してもいいでしょう。

実際に過ごしてみると、わかることも多いと思います。

また、個室の際はベッドの硬さをチェックしておくのもポイントです。要介護度が上がると横になっている時間が長くなるので、生活の質に影響してきます。

また、入居者と直接話をすることを勧めています。職員が入居者との話を遮《さえぎ》らない場合は、満足度に対して高い自信をもっている場合が多いそうです。

老人ホームや介護施設を知ることは、まず親の介護に役に立ちますが、いざ自分が介護が必要になったときもとても役立ちます。

アルツハイマー型の認知症は早期の発見と治療が肝心

老後の大きな健康リスクのひとつに、認知症があげられます。

認知症の患者数は、2012年の時点で462万人。65歳以上の7人に1人は認知症だと推計されています（厚生労働省「認知症施策推進戦略～認知症高齢者等にやさしい地域づくりに向けて」）。認知症の前段階といわれる「軽度認知障害（ＭＣＩ）」は、推

▶認知症の主な種類

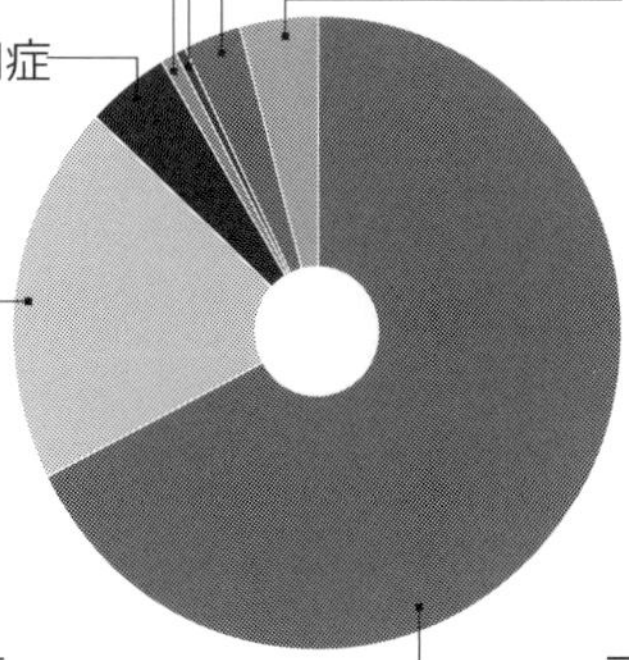

計で約400万人です。これを合わせると、高齢者の4人に1人は認知症、またはその予備軍となります。

さらに、2025年には認知症の患者は約700万人、高齢者の約5人に1人が認知症になるという予測です。

ますます高齢化が進む現状を考えると、認知症の問題はけっして他人事ではありません。

認知症には、いくつか種類があります。厚生労働省の資料によると約70%近くがアルツハイマー型の認知症で、約20%が脳血管性認知症、約4%がレビー小体型認知症です。

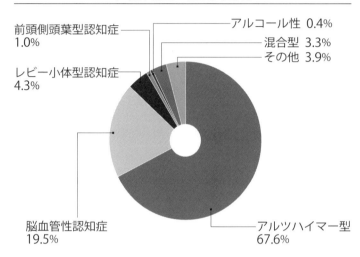

認知症と正常との中間の状態を軽度認知障害（ＭＣＩ）といいます。物忘れはあるけれど、日常生活には支障がない状態がこれに当たります。認知症が年間10〜30％ぐらい進行する場合もある反面、正常なレベルに回復する人もいます。

アルツハイマー型認知症を治すことはできませんが、早期発見、早期治療が有効であるとわかってきました。早期に発見すれば、薬を使って病変の広がりを遅らせることができるそうです。もちろん、入院期間も短くなります。しかし、病変が広がったあとでは薬の効果が薄れ、結果的に入院が長くなってしまいます。

認知症の代表的な検査は、「長谷川式簡易知能評価スケール」と「ミニメンタルステート検査（ＭＭＳＥ）」の二つがあります。健康でいられる時間を延ばすためにも、とにかく早めに受診することをお勧めします。

認知症の介護は家族の負担がとても大きい

認知症の介護は通常の介護より費用がかかります。約20％プラスされるという試算もあります。費用の負担も重くなりますが、それ以上に家族の負担が大きくなります。

ここに厚生労働省と慶應義塾大学の研究班のデータがあります（認知症の社会的費用を推計）。その研究によると、年間にかかる社会的コストは、医療費が1・9兆円、介護費が6・4兆円、インフォーマルケアコストが6・2兆円となっています。インフォーマルケアコストとは、家族などが無償で実施するケアにかかる費用のことです。

この数字を個人に置き換えるとこうなります。

・1人当たりの入院医療費は月額34万4300円
・1人当たりの通院医療費は月額3万9600円

入院医療費については実際は高額療養費があるので、70歳以上で一般的な所得の場合、月に6万円ぐらい（年収によって負担額は変わります）です。

通院医療費も70歳以上は2割負担になるため、月額約8000円になると思います。年間で10万円ぐらいの負担額です。

では、インフォーマルケアコストはどうでしょう。家族が無償でおこなうケアですので、それにかかる時間を介護単価とし、代替費用法、遺失賃金法で計算します。
・要介護者1人当たりのケア時間は、週に24・97時間
・要介護者1人当たりインフォーマルケアコストは、年間382万円
認知症患者の家族には、時間という負担が驚くほどかかることがわかると思います。


介護が必要になる年代は70歳以降からが多く、子どもはまだ50代ということもあります。介護のために仕事を続けることが難しくなり、介護離職というケースも多くみられます。介護離職をすることは、収入の減少を意味します。

子育てが終わって、大きな出費がなくなり、これから自分たちの老後資金の準備をする時期なのですが、介護離職をしてしまうと、それもままなりません。離職をしないで、親の介護をできるように工夫することが大事になってきます。

また、介護を担う配偶者も高齢者であるため、高齢者同士の老老介護や、認知症同士の認認介護が社会問題になっています。

介護の負担は、公的な介護サービスを使ったり、親族間の話し合いで、一人にかかる負担をできるだけ減らすように工夫をすることがとても大事になってきます。

認知症に潜むさまざまなリスクとは

認知症には、さまざまなリスクが潜んでいます。損害賠償のリスク、資産凍結のリスク、金融詐欺のリスクです。例をあげながら紹介します。

■認知症患者の監督責任のリスク

たとえば、こんな事件がありました。2007年12月、認知症の患者がJR東海の鉄道線路内に立ち入り、列車にはねられ死亡しました。

このときJR東海は、遺族に対して損害賠償を求めたのです。一審では750万円の判決でしたが、最高裁では無罪という逆転判決が出ました。この裁判では遺族が「監督義務者」にあたらないとされたものの、状況によっては親族の誰かが「監督義務者」として責任を問われる可能性もあるのです。

なかなか難しい問題ですが、こうした損害賠償に備えるには、個人賠償責任保険が有効です。この事件を受けて、大手の損害保険会社は、個人賠償責任保険の適用範囲を法定監督義務者にまで広げる改定をおこなっています。

また、別居の父母まで補償の範囲を広げた個人賠償責任保険も登場しました。保険に加入した本人、または配偶者の父母が、遠く離れた田舎に暮らしていたとしても補償の対象になるのです。

個人賠償責任保険は、もちろん認知症以外でも役に立ちます。幅広い損害をフォローしているので、検討してみてはいかがでしょうか?

■認知症の金融リスク1／認知症になったら、自分のお金が使えない!

「もし認知症になったとしても、老後資金は十分に持っているから大丈夫」などと、安心してはいられません。認知症と診断された場合、あなたが持っている金融資産は「凍結」されてしまう可能性があります。

金融機関としては、個人の金融口座、株式の売買、不動産の売買など、すべて本人の意思確認を必要とします。たとえ親族であっても、本人の意思確認が取れないと資産を動かすことができません。

たとえば、銀行の口座に1億円の老後資金を準備しておいたとします。子どもがその老後資金を使って、父親を快適な介護施設へ入居させてあげようと考えました。

ところが、その時点で父親が認知症を発症していると、本人の意思確認が取れません。すると、口座から現金を引き出せなくなり、せっかく準備していた老後資金が使えなくなってしまうのです。しかたがないからと自宅を売って資金をつくろうとしても、名義が父親であれば不動産の売買もかないません。

自分で貯めた自分のためのお金なのに、その当人が必要になったときに自由に使えない。なんとも残念な話が起きてしまうわけです。

■認知症の金融リスク2／認知能力が低下した高齢者は狙われる

よくニュースで報道されている「オレオレ詐欺」「振り込め詐欺」など、特殊詐欺のリスクも高まります。

警察庁の資料では、2019年の特殊詐欺の認知件数は1万6851件で、被害総額は315・8億円です。警戒心の薄い人はもとより、認知症の人もしばしば狙われています。

そのほか、認知能力が落ちてきた人への金融資産の管理が問題になってきています。2019年に起きた「かんぽ生命の不適切営業」もそうです。かんぽ生命の問題を調査している特別調査委員会の報告書によれば、法令・社内ルールなどに違反する販売が1万2836件確認されたそうですが、そのうち70%が60歳以上の高齢者です。

認知能力が低下した高齢者はターゲットになりやすいのが現状です。

認知症と高齢者の金融資産に関する研究

こうした高齢者に対する金融機関の取り組み、金融商品の説明などの研究も進められています。これらの研究を「金融ジェロントロジー」、または「金融老年学（ファイナンシャルジェロントロジー）」と呼びます。

「ジェロントロジー」とは「老年学」の意味で、ギリシア語の「ジェロント（老人）」と「オロジー（学問）」を合成した言葉です。

高齢化社会の問題を解決するために、医学、看護学、工学、法学、心理学などさま

▶金融資産の年齢階級別割合の推移見込み

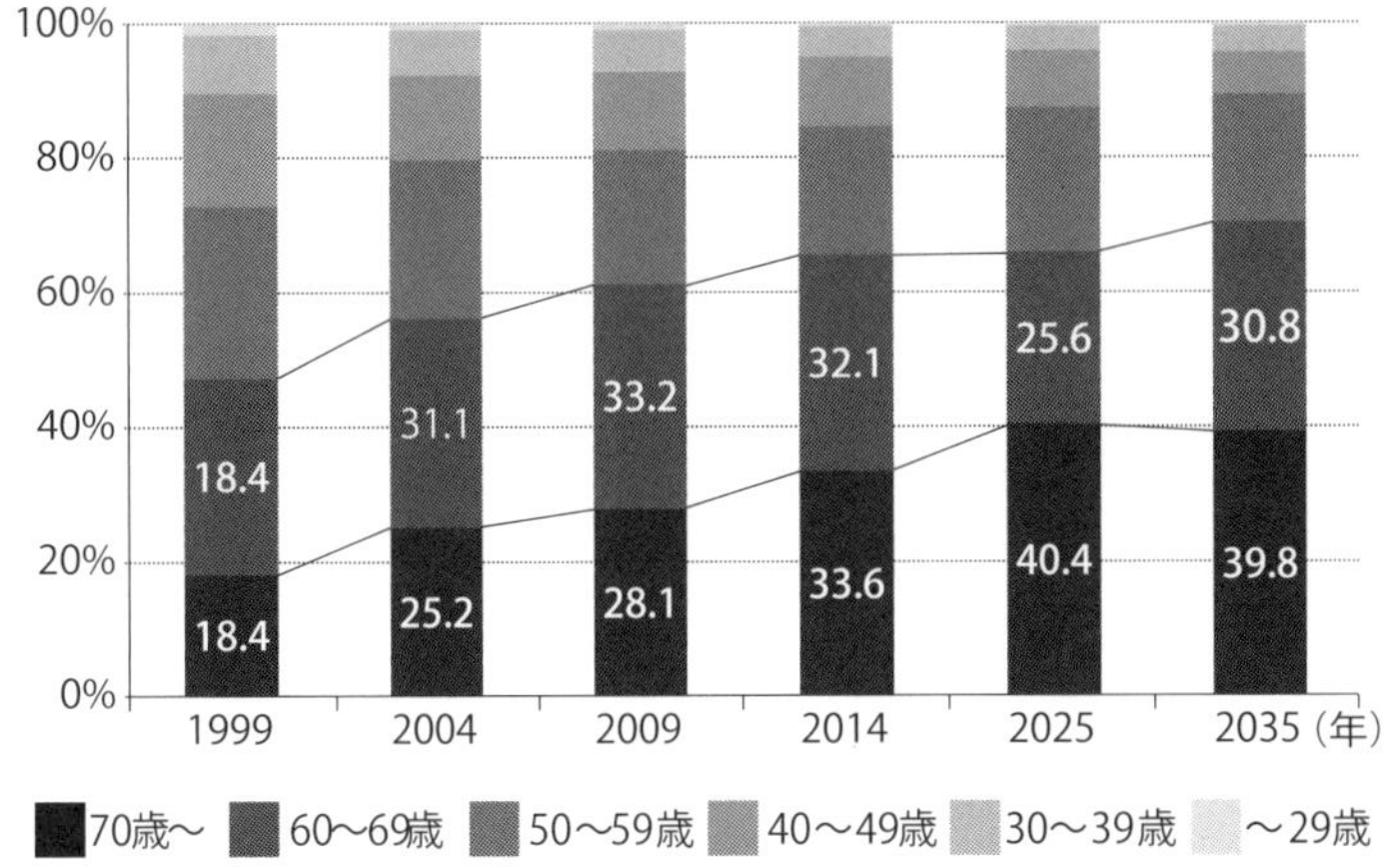

出典:総務省「全国消費実態調査」
国立社会保障･人口問題研究所「日本の世帯数将来推計（全国）」より

ざまな分野からアプローチしています。アメリカでは金融と組み合わせて「資産寿命」「健康寿命」などの研究がおこなわれてきました。そして、日本でも「高齢社会における金融・経済・医療に関する研究会」が立ち上げられています。

認知症と高齢者の金融資産との関係も金融ジェロントロジーで議論されている問題です。

両者の関係をうまくまとめた報告書があります。それは「老後2000万円問題」で大きなニュースとなった金融審議会市場ワーキング・グループ報告書「高齢社会における資産形成・管理」です。

「2000万円」の部分だけクローズアップされましたが、この報告書は客観的データが詰まっているなかなかよい報告書です。老後の資産形成においても、参考になる資料がまとまっているので、一度読まれるとよいかもしれません。麻生財務大臣は報告書を受け取らなかったのですが、ネットでは見ることができます。

この報告書によると、1999年の時点では金融資産を持っている人の中で70歳以上の高齢者が持っている割合が18・4%でした。それが、2014年には33・6%に増えており、2035年にはなんと39・8%とほぼ倍になるということです。

第一生命経済研究所の「認知症患者の金融資産200兆円の未来」というレポートによると認知症患者の保有する金融資産額は、2030年には215兆円に達するそうです。家計の金融資産全体に占める割合としては、10・4%になる見込みです。

ということは、金融資産全体の約1割が凍結されて動かせない状態になるかもしれません。経済にとってお金は血液のようなものです。その資産が凍結されたら、日本経済にとっても大きなマイナスになるでしょう。

認知症になっても資産を守れるシステムをつくる

資産を守る一番の方法は、認知症にならないこと。そうはいっても、5人に1人は認知症を発症する時代です。自己管理だけでは完全に防ぎきれません。

対応策としては、認知症になったときに困らないシステムを作ることです。万が一、認知症を発病しても、資産を有効に管理できるようにしておくのです。

方法は、成年後見制度、金銭信託、民事信託・家族信託などがあります。それぞれメリット・デメリットがあり、自分の状況によってベストな組み合わせが異なってきます。一つ一つ、その違いを見ていきましょう。

「成年後見制度」ってどんな制度？

成年後見《せいねんこうけん》制度とは、認知症、知的障害、精神疾患などで判断能力が不十分な人が、自分に不利益な契約を結ばないよう、預貯金や不動産といった資産を保護する目的の制度です。成年後見制度には、「法定後見制度」と「任意後見制度」の2種類があります。

■法定後見制度

法定後見制度は、「後見」制度、「保佐」制度、「補助」制度の3つに分かれていて、本人の判断能力の程度や事情に応じて選ぶことができます。

このとき、後見人を決めるのは家庭裁判所です。後見人になれない人の規定がありますが、それ以外は誰でもなることができます。

ただ、近年は、親族が後見人に認定されにくくなっています（親族以外の第三者の割合が約78・3％、厚生労働省「成年後見制度の現状」平成29年）。また、財産の規模が大きい場合は、弁護士や司法書士が後見人になるケースが多いといえます。

費用に関しては、成年後見人には月額2万円、成年後見監督人には1万〜3万円くらいかかります。管理財産が増えると費用も増えていきます。

任意後見制度

任意後見制度は、将来、判断能力が衰えたときに備えて、まだ判断能力がしっかりしているうちに後見人を選んでおく制度です。

自分の財産の代理人として公正証書を結びます。そして、判断が不十分になった時には、家庭裁判所が選任する「任意監督人」の許《もと》で、財産管理などの代理をします。

任意監督人は、本人が選んだ任意後見人が、財産の管理をきちんとできているのかをチェックする役割です。

実際のところ、成年後見制度は手続きが複雑なこともあり、利用は伸びていません。

また、財産の保全が目的なので、財産を有効活用するという意味では使い勝手が悪いものです。

たとえば、株式には、「これ以上持っていたら損失が拡大する」とか「いまが買い時」

といった、ここぞという売買のタイミングがあります。そんなときでも売買はできません。これは不動産などでも同じです。

「金銭信託」は信託銀行がおこなう

金銭信託は、個人や法人の財産を信託して、信託銀行などがその信託財産を運用管理する金融商品です。信託とは、土地や金銭の管理運用を信頼できる人に託すことを意味します。

「信託銀行って何？　普通の銀行と違うの？」と、戸惑う人もいるかもしれませんね。信託銀行は、銀行業務の他に信託業務をおこなう金融機関のことです。

代表的な信託商品としては、「教育資金贈与信託」「遺言代用信託」などがあげられます。

その他、障害をもった子どものための「特定贈与信託」、後見制度を利用した場合の「後見制度支援信託」、社会のために何かをしたい人向けの「特定寄付信託」など、さまざま商品があります。

また、新しいサービスとして、認知症に対応した信託商品も登場しています。信託銀行に支払う報酬を確認しながら検討してみてはいかがでしょうか。

「民事信託（家族信託）」の特徴は？

信託銀行などがおこなう信託以外を「民事信託」と呼んでいます。また「家族信託」と呼ぶこともあります。

民事信託は、資産の所有者（委託者）、資産を託される人（受託者）、託された資産から利益を得る人（受益者）の3者で契約を結ぶのが基本です。

認知症になる前に契約書を作っておけば、発症後の財産管理、死後の財産管理もできるようになります。契約書の作成や手続きは、司法書士や弁護士などをとおしておこないます。成年後見制度では難しかった、柔軟な資産管理ができます。

成年後見制度、金銭信託、民事信託と3つの方法を紹介しましたが、各自のケースで向き不向きがあります。それぞれのメリット・デメリットもきちんと理解しながら、じょうずな使い分けが必要です。

「がん」のリスクは年齢とともに上がる

認知症以外の病気も気になります。

日本人の死亡原因は、1位が悪性新生物（がん）27・3％、2位が心疾患15・0％、3位が老衰8・8％、4位が脳血管疾患7・7％です（厚生労働省「人口動態統計」2019年）。

3位の老衰は除いて、悪性新生物（がん）、心疾患、脳血管疾患をあわせて三つの病気を三大疾病といいます。約半数の人が、この3つの病気が原因で死亡しています。入院が長くなったり、退院したあとも後遺症が残ったり、介護が必要になる可能性が高い病気でもあります。そして、年齢とともに発症率は高くなります。

とくに死亡率が高いのが約27％を占める悪性新生物（がん）で、男性の2人に1人、女性の3人に1人は罹患《りかん》する病気です。

国立がん研究センター「最新がん統計」の年齢別の罹患率をみると、50歳男性が10年間で罹患する確率は5・4%で、50歳女性は6・6%です。ところが、70歳になると男性が31・7%、女性は15・4%と跳ね上がります。

では、どうやって備えればいいのでしょう。

じつは、治療費はそれほど心配ありません。健康保険があるので3割負担ですし、高額療養費制度も使えます。70歳以上の一般的な所得では、月額5万7600円以上はかかりません。また、75歳以上になると、自己負担額は1割に減ります。

早期発見はあらゆる負担を軽くするカギ

とはいっても、がんになって辛い闘病生活を送るのは嫌《いや》ですよね。ただ、がんはもはや国民病といえるほど罹患率が高く、避けてとおるのは難しいかもしれません。

だからこそ、早期発見を心がけることが肝心だと、私は考えます。早期に発見すれば、治療費もそれほどかかりませんし、治療にかかる時間も短くてすみます。

たとえば、胃がんの場合、ステージ1で発見すると5年生存率が94・5％以上ですが、ステージ4では9％に下がります。発見が遅くなればなるほど、身体の負担、精神の負担も大きくなります。ですので、定期的ながん検診はとても重要だと思います。

現在、がん検診でもっとも有効な診断方法は、ＰＥＴ検査だといわれています。費用はだいたい10～15万円で、その他の人間ドックの検査をあわせると30万円くらい必要になります。

この検査費用をどう考えるかです。かなり大きな金額ですが、医療保険やがん保険に加入するよりも有効だと思います。余裕があればこの検査をお勧めしたいのですが、さすがに毎年となると負担がきついですね。自治体や健康保険組合のおこなっている検診でもいいと思いますが、定期的に受けることが大切です。

逆に、検査を怠《おこた》って発見が遅れてしまったときのリスクを考えると、ある程度の煩《わずら》わしさと出費は、我慢できるのではないでしょうか。検討してください。

「医療保険」はいつまで必要か

定年前後は、保険の見直し時期です。今後の生活に合わせてムダを削《けず》り、そのぶんを老後資金にまわしていきます。

死亡保険については「子どもも社会人になったたし、保障を小さくできるな」と、判断しやすいでしょう。

ですが、年齢が上がるにつれて、さまざまな病気のリスクも上がります。となると、「う〜む、医療保険はどうしたものか……」と、こちらは悩みどころですね。

医療保険やがん保険も見直しは大切です。医療保険は、基本的に優先度の低い商品です。ある程度の貯蓄があれば、必要ありません。

この年代になったら、いつまで続けるかを考えてください。とくに終身払いの医療保険は要注意。保障は一生涯続きますが、保険料も一生払うことになります。90歳、100歳まで払い続ける意味があるでしょうか。

これは終身払いの終身保険も同じです。終身保険ですから、必ず保険金を受け取れます。しかし、長生きすれば保険金より払い込んだ保険料のほうが上まわり、損をします。

では、医療保険やがん保険のやめどきはいつでしょう?

もともと医療保険はそう必要ないので、いつやめてもかまいません。ただ、きっかけがないと、なかなか踏んぎりがつかないかもしれませんね。

ひとつの目安として、70歳があげられます。70歳で高額療養費制度の限度額が変わります。一般的な所得の場合は限度額が5万7600円になり、自己負担が少なくなるからです。年金生活をしているなら収入も大きく減っているでしょうし、このタイミングで見直しを考えるのはいかがでしょうか。

Part 3

生きがい

老後をバラ色に変える生き方とは

「お金」「健康」「生きがい」は三位一体です

老後生活というと、「お金」と「健康」の不安が真っ先に思い浮かびます。

ところが、いざ定年を迎え、第二の人生が始まって本当に困るのは「生きがい」なのです。「やることがない」状態が、もっとも大きな問題だといってもいいでしょう。

定年後の「お金」「健康」「生きがい」は、リンクしています。「生きがい」が見つからないと、精神的に不安定になります。病気を発症しやすくなり、健康問題に発展します。健康に問題が起こると介護などへつながり、ひいてはお金の心配も発生してきます。

つまり、どれかひとつに問題があってもダメなのです。必ず他の2つに影響が出て、3つのバランスが崩れる可能性が大きくなってしまいます。

三位一体《さんみいったい》に組み合わさるからこそ、定年後の人生をバラ色に過ごすことができるのです。「ようやくのんびりできるんだから、生きがいなんてわざわざ探す必要ないよ」

▶定年後の時間は働いていた時間より長い！

現役時代
22歳から65歳まで43年間の働いていた時間

8時間×250日×43年=8万6,000時間

定年後
65歳から85歳まで20年間の自由に使える時間

14時間×365日×20年=10万2,200時間

と思った方、定年後の時間を想像したことがありますか。

上の図をご覧ください。

22歳から65歳までの43年間は働いています。会社に拘束されている時間が1日8時間で、年間250日働いたとしましょう。

8時間×250日×43年＝8万6000時間

定年後は自由に使える時間が1日14時間だとして、それが365日あります。男性の65歳からの平均余命は約20年です。

14時間×365日×20年＝10万2200時間

43年間会社で過ごした時間以上の時間が、定年後に待っているのです。

暇を持て余すというより、なにもしないで過ごすことが耐えがたくなるでしょう。

定年後に働く理由はお金のためだけではない

老後資金が足りない人は、定年後も働き続ける必要があります。長く働くというのは、老後資金を補《おぎな》うためにも、そして、資産寿命を延ばすためにも有効な方法です。

いっぽう、資金計画に余裕があり、公的年金や企業年金もそれなりに受け取れる人は、働く必要に迫られていません。しかし、たとえ老後資金に余裕があっても、できるだけ働いたほうがいいと考えます。なぜなのか？

大手企業に勤務し、最後は子会社の代表まで務めたあと、60歳の定年を機会にスッパリと仕事を辞めたAさんのケースを見てみましょう。

Aさんは、定年後に何かしようとはまったく考えていませんでした。退職前の数年間はとても忙しく、自分の時間ももてなかったので、「とにかくゆっくりしたい」という気持ちしかなかったそうです。そのため、あえて再就職の道を選びませんでした。

定年後の生活費や老後資金については、心配ありませんでした。退職金や企業年金を十分に受け取れますし、それなりに貯《たくわ》えもあったからです。

退職した当初は、それは楽しかったそうです。月に100万円くらい使って、旅行や趣味に興じたり、友人に会ったりして、とにかく遊びまわりました。しかし、心から楽しいと思えたのは、2か月目ぐらいまでです。それからは、なにをしても充実感がないし、楽しくもなくなり、3か月目には「これじゃダメだ！」と感じたのです。

そこで、つてを頼って仕事を探し、5か月目から仕事に復帰しました。65歳になった現在は、ベンチャー企業の顧問など4社かけもちで働いています。

仕事は週に3日間ぐらいですが、とても充実した生活を送れているとのこと。しかも「70歳ぐらいまでは、いまの仕事を続けていきたい」と、ますます意欲的になっています。

働くことが健康維持にもつながる

定年後にも働くのは、お金のためだけではありません。社会との接点をもつこと、

▶仕事の有無と自立率

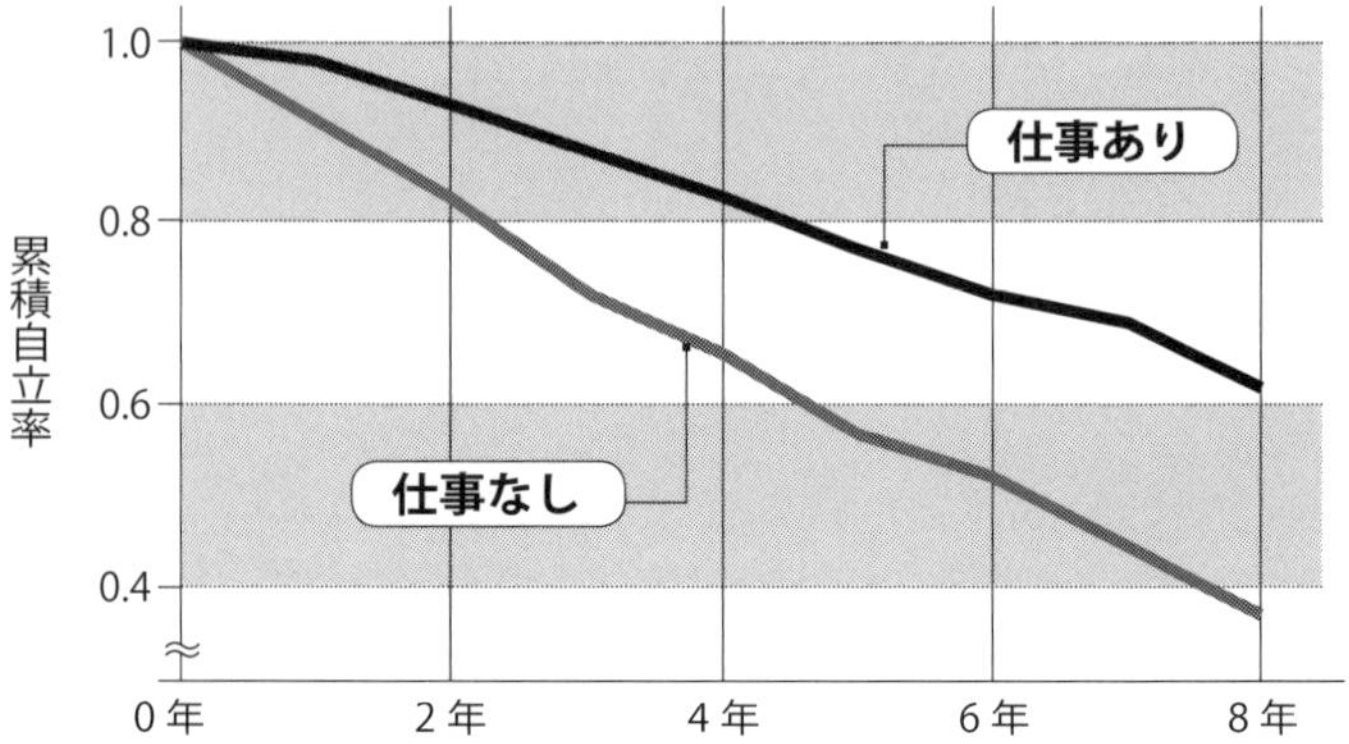

出典:厚生労働省「第3回　次期国民健康づくり運動プラン策定専門委員会」(2014年)

自分がまだ必要とされているという生きがいを感じることが重要なのです。そして、働くことによって健康も維持できるようになります。

こんなデータがあります。

厚生労働省の平成30年の「経済財政諮問会議(加藤臨時委員資料)」によれば、65歳以上の就業率の高い県ほど、医療・介護費がかからないのです。働くことが健康によい影響をもたらしているといえるのではないでしょうか。

また、厚生労働省の「次期国民健康づくり運動プラン策定専門委員会」の資料によると、仕事をしている人に比べて仕事をしていない人は、将来の日常活動度の減少が大きくなるという調査結果があります。

つまり、仕事をしている人のほうが、障害のリスクが小さいということです。

これらの調査結果でもわかるように、長く仕事を続けることによって健康維持にもつながるわけです。

定年後は自分のペースで働ける

仕事は、社会との接点ややりがいへとつながっていきます。

生きがいを目的とするなら、働く姿勢も変わってきます。年金という固定収入があるので、それにプラスするといった働き方ができるでしょう。

現役時代は嫌な上司、嫌な仕事であっても、生活を守るためと我慢することも多かったと思います。でも、定年後はこの気苦労がなくなります。生きがいのために働いているのですから、嫌だったら受けなければいいのです。

また、毎日フルタイムで働く必要もありません。自分の体調や体力などを考えながら調整することもできるようになります。

もちろん、フルタイムでなければ、給与も少なくなるとは思いますが、目的が社会との接点、生きがいならば、大きな問題はありません。

こんなふうに自由な働き方ができることが、定年後の魅力だと思ってください。自発的にやりたいことだけをやると、イキイキした働き方ができるでしょう。

しかし逆に、この働き方をネガティブに受け取ったり、やらされ感をあらわにすると「ウザいおじさん」になってしまいます。

独立行政法人労働政策研究・研修機構の「高年齢者の雇用に関する調査」(2020年)によると、約8割の企業で「定年前後の仕事内容はほとんど変わらない」という結果が出ています。にもかかわらず、給与は大幅に減ります。

この現実に直面すると、「賃金が下がることはわかっていたけれど、同じ仕事をしているのに低すぎる」「権限がまったくなくなった」「スキルを活かしたいのに、誰からも期待されない」……こんな不満が続出します。

こうなると、やる気が一気に失せていきます。みんなが一生懸命仕事をしていても、仕事に身を入れずに過ごす。そうして、「元部長」「元課長」の「働かないおじさん」ができあがるわけです。

彼らは部長や課長だった時代の栄光が忘れられません。自分の小さなプライドを守るため、「昔は〜」と過去の自慢話を繰り返します。周囲の人間にとっては、迷惑以外のなにものでもありません。結果、ウザいダメ親父というレッテルを貼られ、さらなるネガティブスパイラルに陥ります。

以前の肩書きを捨てないと孤独感が膨らむばかり

働かないおじさんは居場所がなくなり、「孤独感」が増してきます。

この状態が続けば、孤独感はどんどん募ります。偉《えら》ぶったり不機嫌な態度で殻《から》に閉じこもっていても、道は開けません。

ここは意識を変える必要があります。自分の「ちっぽけなプライド」を引きずらないことが重要です。プライドは「過去の肩書き」と言い換えてもいいでしょう。
○○部長という肩書きは、会社を辞めたとたん、役職を離れたとたんに消え失せます。そこから先は「○○さん」（名前）で勝負しなければならないのです。

たとえば、定年後に地域活動に参加したとします。過去の肩書きで「えっー、スゴイですね」といわれるのは、最初の一瞬だけです。女性はあまり肩書きにとらわれない傾向がありますから、「だからなに?」とスルーされるかもしれません。

地域のコミュニティでは、華々しい過去の肩書きより、話の輪に溶け込める能力のほうが重要なのです。

過去の肩書きを捨てることは、なかなか難しいといえます。定年前から意識改革を始めましょう。違うコミュニティとつき合うのもいい方法です。

名前だけで呼ばれる日常に慣れ、自分に新しい自信をつけてください。「話が面白い○○さん」「囲碁が強い○○さん」などといった肩書きで呼ばれるようになれば成功です。

じつは、筆者の長尾は両親に「名刺」を作ってあげたことがあります。ウォーキングが趣味の父親には、百歩会（ウォーキンググループの名称）と氏名、そして携帯番号とメールアドレスを入れました。水泳が趣味だった母親には、オモテ面に氏名と連絡先を載せ、ウラ面は水泳をする女性のイラスト入りです。

このようにちょっとした小道具で、コミュニケーションは広がるものです。

「よい人間関係」が老後にとっていかに大事か

定年後は「よい人間関係」をつくることが、幸せで健康な老後を過ごすための秘訣です。

ここで、世界でもっとも長期間にわたっておこなわれている研究――ハーバード大学の「成人発達研究」を紹介します。そのなかに幸せな老後を過ごすヒントがあるのです。

「成人発達研究」は1938年に始まり、現在まで続いています。資金が続かなかったり、担当者がいなくなったりして、10年ぐらいで終わる研究が多いなか、80年以上も継続とはじつに異例の長さです(2015年の時点)。予算も毎年1億円を得ており、現在のロバート・ウオールディンガーは4代目の所長です。

研究では、男性を2つのグループに分けました。一つがハーバード大学の2年生、もう一つはボストンの極貧生活をしている子どもたちです。10代の彼らにインタビューをし、健康診断を受けさせて、その後を追跡調査しました。

スタート時点で724人だった被験者は、2015年には90歳になり、当時約60人が健在でした。調査はいまも続いています。さらに、彼らの2000人以上の子どもたちも被験者として追加されています。

ロバート・ウオールディンガーは、「健康で幸福な人生を送るのに必要なのは、〈富〉や〈名声〉〈がむしゃらに働く〉ことではなく、〈よい人間関係〉である。それこそがもっとも大きな幸せの要因だ」と結論づけています。

さらに、周囲とのつながりは非常に重要で、「孤独」は命とりになると述べています。家族や友達とうまくコミュニケーションを取れている人ほど、健康で幸せになります。

コミュニケーションをうまく取れていない人は、孤独を甘んじて受け入れ、少しも幸せとはいえない生活を送ります。孤独な人は中年以降、健康の衰えが早くなり、脳の機能障害なども起こりやすく、孤独でない人に比べて長生きできないそうです。

また、「何かあっても頼れる人がいる」人ほど、記憶がはっきりしています。いっぽう「パートナーはいても、まったく頼れない」と感じる人は、早期に障害が表れるといいます。

よい人間関係は、健康だけでなく、脳の機能も守ってくれるのでしょう。

メットライフ生命の「老後を変える全国47都道府県大調査」(2018年)によると、「老後に不安がない」という人の85%が「本音で話せる友人がいる」と答えています。「老後に不安がある」という人のうち「本音で話せる友人がいる」と答えた人は75%でした。

また、老後の楽しみについての調査では、「友人あり」と答えた人のほうが「友人なし」と答えた人より、充実した老後を送れることが調査からわかりました。

ちなみに、アメリカのプリガム・ヤング大学のホルト・ランスタッドらの研究によれば、孤独を感じるピークは思春期と青年期で、超高齢期で再びピークが訪れるとしています。

孤独に関する病気のリスクは、65歳未満よりも65歳以上のほうが高いこともわかっています。そして最近の研究では、孤独はアルツハイマー病の前駆症状だという可能性も指摘されています。

定年後のプランは「長期的な視点」で考える

では、第二の人生は、どうやって歩いていけばいいでしょう。

定年後のプランって考えていますか。「趣味をしたいな」「旅行に行こうかな」「なかなか会えなかった友人に会いたいな」「習い事でも始めてみようか」など、漠然《ばくぜん》と思い描いている人が多いと思います。

ここ、要注意です。

定年退職後にやりたいことのアンケートで、必ずトップにあがるのが「旅行」です。しかし、旅行に行くとしても、お金がかかります。趣味を優先するあまり、老後資金がなくなっては困ります。

「お金のプランニング」と「やりたいことのプランニング」を見比べ、バランスを取る必要があります。

また、1年じゅう旅行をしているわけではありません。海外旅行や国内旅行なら10

日間から、長くても1か月程度でしょう。世界一周クルージングに出かけたとしても期間は半年です。

でも、定年後はくらべものにならないほど長いのです。やりたいことが1か月で終わってしまったら、残りの時間はどうしますか。

たしかに、退職後のお疲れさま旅行はいい思い出づくりになりますが、もっと長期的なプランニングが必要なのです。

友だちだって、毎日はつき合ってくれません。仕事仲間や後輩を誘っても、応じてくれるのは最初だけです。あまり頻繁《ひんぱん》に誘うと、ウザいと思われるのがオチです。こうなると、暇をもてあましてしまいます。

私がよく利用する図書館は朝10時に開くのですが、開館前から60代、70代とおぼしき男性が並んでいます。午前中の図書館には、老齢の男性が多くいます。

平日の大型ショッピングセンターも同様です。退職者らしき男性が、閑散《かんさん》としたスペースの中で所在なさげにソファに座っています。

平日のスポーツクラブなど、高齢の男女がひしめいて、まさに老人クラブ。更衣室ではほとんど挨拶も交わさず、黙々とトレーニングマシンに向かっているか、マッサージチェアに座ってずっと新聞を読んでいます。もちろん健康のためもあるでしょうが、ほかにいく場所がないのです。

「濡れ落ち葉」になる人もいます。

濡れ落ち葉とは、濡れた枯れ葉が地面から離れないことです。定年後にすることのなくなった亭主が、いつも妻から離れない姿を揶揄《やゆ》した言葉です。

妻が買い物や散歩に出かけようとすると、「オレも」とついていく。一日じゅうベッタリまとわりつかれれば、妻も鬱陶《うっとう》しく感じます。

それをずっと続けていると、熟年離婚ということにもなりかねません。いくら仲がよくても、それぞれの時間は必要です。

ただし、あまりにも暇だからといって、ギャンブルやフーゾクに走ってはいけません。老後資金を減らすハメになります。

厚生労働省の「人口動態統計月報年計」（平成30年）を見ると、離婚の総数は若干減っています。しかし、婚姻期間が25年以上のカップル、いわゆる熟年世代に限ると上昇傾向にあります。

第二の人生を「トライアンドエラー」で乗り越える

定年後に必要なものは「きょういく」と「きょうよう」だそうです。これは「教育」と「教養」ではなく、「今日いくところ」と「今日、用事がある」ことです。

まずは自分にできることをじっくり考えてください。とはいえ、「それが難しいんだよ」というぼやきが聞こえそうですね。

そこで、私は「トライアンドエラー」をお勧めします。少しでも興味のあることをまずやってみて、「自分には向いていないな」と思えば、次のものを試してみるのです。何度か試すと自分にできることは何かや、向き不向きがわかってくるはずです。

たとえば…。

▼もう一度仕事をしてみる

1か月5万円の仕事でも、収入があれば助かります。前述しましたが、老後資金に問題がない人も働くことによって、生きがいにつながり、社会との接点をもつこともできます。これはお勧めです。

▼ボランティア活動に参加する

地域の活動でもOKです。コミュニティが広がって仲間もできる機会となります。

▼男の料理教室に通ってみる

これは妻に大好評になるはずです。家事の助けになりますし、見直されること間違いなしです！

▼学び直し・リカレント教育

知識の探究に年齢は関係ありません。今からでもけっして遅くはないのです。時間に余裕ができたからこそ、昔かなわなかった夢に近づくことだって可能です。通信教育などさまざまな制度があるので、ぜひ利用してみてはいかがでしょうか。

このように何でも挑戦してみるのはけっこうですが、いきなり大金を注ぎ込むトライは慎んでください。エラーしたときの痛手が大きすぎます。「お金のプランニング」と「やりたいことのプランニング」の両方を考えることが大事です。

定年後の人生は自ら考え、自ら行動する

ところで、定年後になかなか次の一歩を踏みだせない人がいます。それまでは会社に頼りきって、自分から動かなくてもうまく生きてこられたからです。日本は終身雇用がずっと続いていました。高度成長時代は年功序列で給料も右肩上がり、定年まで会社に勤めていれば退職金を受け取れました。さらに年金もあるので、なんとかそれだけで人生を終えることができたのです。

親の世代までは、このロールモデルが通用しました。そういう親を見て育ったせいで、自分もなんとかなるだろうと思いがちです。

しかし、いまは違います。50代から役職定年で給料は右肩下がり、定年後は再雇用でその給料も半減します。

終身雇用は崩壊し、退職金の額も減ってきています。さらに「人生100年時代」といわれるように、急速に平均寿命が延びています。

経済的な人生設計の大半を、企業が賄《まかな》ってくれた時代はもう終わりました。自らの設計は自己責任においてすべきなのです。定年後も会社が面倒を見てくれると勘違いしているから、思考停止に陥ってしまうのかもしれません。その考えを早めに払拭《ふっしょく》することが必要です。定年後に生きがいを見つけないと、本当に「孤独な人生」になってしまいます。

ご参考までに、定年後の生き方の一例として、筆者（長尾）の父の話を紹介します。

父は63歳のとき、長年勤めた電力会社のグループ会社を退職。その後、趣味のゴルフを上達させたいという理由で歩き始めました。そこでウォーキングの魅力に目覚め、地元のウォーキンググループ「百歩会」を立ち上げます。

以来、その会の会長や事務局長を務め、毎月の定例会（ウォーキング）も一度も休むことなく参加してきました。

県内の神社仏閣や自然コースをはじめ、しまなみ街道の一部を歩くといった催しを次々と企画し、県のウォーキング協会の役員、市の老人クラブ連合会の常任理事も務めました。

みんなに喜んでもらえるのが「楽しみだな」と、意欲的に活動してきたのです。そして、その功績が認められ、88歳になった2015年、内閣府よりエイジレス・ライフの実践者として表彰されました。

2020年で94歳になっていますが、介護認定もまったく受けずに元気で暮らしています。あまりに元気で、いまも自転車に乗って買い物に出かけているので、子どもたちはヒヤヒヤものです。

さすがに歩く距離は落ち、「1日3000歩くらいしか歩けない」などとぼやいていますが、年齢を考えれば驚くばかりです。

父の場合は、定年前にやっていた「ゴルフ」がきっかけで「ウォーキング」に出会いました。定年後の楽しみは、何がきっかけで見つかるかわかりません。「ウォーキング」をとおして社会とのつながりをもちつづけ、それが健康維持にもつながり、なによりも「たくさんの人に喜んでもらえる」ことが生きがいにつながったのでしょう。

人が強い幸福を感じるのは「誰かが喜んでいるのを見たとき」であることが、脳科学でもわかっています。そう考えると、父はまさに幸せな生き方を見つけることができたのだと思います。

あなたの中から「老後」をなくそう！

あなたは、何歳からを老後だと思いますか。

メットライフ生命の「老後を変える全国47都道府県大調査」（２０１９年）によると、平均は「67歳」だそうです。ただし、年齢が上がるほど、老後だと思う年齢は上がっていきます。60代～70代の回答は「70歳」が大半を占めていました。年齢以外の理由では、「身体が思うように動かなくなったとき」がトップです。

老後って、いくつからなのでしょう。

あるとき相談にみえた85歳の方は、「これからの老後資金が心配で、お金を増やせないか」と悩んでいました。先ほどお話しした94歳の父に「いまは老後だと思っている？」と尋ねたところ、「ぜんぜん思ってないよ！　１００歳まで生きるし」という答えが返ってきました。

人生の先輩方は、老後はまだまだ先だと思っているようですよ。

60代は気力・体力ともにあります。仕事がなくなったといって、くすぶってはいけません。新たなチャレンジのときです。

「老後」の定義はまちまちです。自分で老後だと思わなければ、老後ではなくなります。老後の心配がなくなる究極の方法は、「老後をなくすこと」です。これは楽しい人生を送れる近道でもあると思います。

そのためにも、ぜひ生きがいを見つけてください。

夫の早死にを防ぐ極意は「キッチン」にあった？

夫婦で過ごす老後の時間が長くなり、夫婦間の会話が増えるのはとてもいいことです。とはいえ、いつかはどちらかが先に亡くなります。ここは避けようのな宿命です。平均余命で考えると、夫のほうが先に死亡する確率が高いのですが、これればっかりはわかりません。

ある日、妻に先立たれることだってあります。

残された夫はもれなく孤独感に苛まれます。しかし、実生活でもっと困った事態に直面します。それは食事や掃除、洗濯といった日常的な家事です。

家事はほとんど妻任せにしていませんか。担い手がいなくなったら、とたんに日々の暮らしが回らなくなります。

洗濯物は洗濯機が洗ってくれるとしても、ひとり暮らしだとそれを干すのもおっくうになって、同じ下着を何日も着ていたり、一日中パジャマのままで過ごしたり。日常が壊れ、外出も少なくなるという悪循環に陥ってしまいます。

こんなだらけた生活を送っていれば、長生きできるはずがないでしょう。

いっぽう、妻が残された場合は違います。炊事、洗濯、掃除などは長年続けてきたことなので、日常生活が大きく崩れる可能性は低いのです。

アメリカのロチェスター工科大学の研究によると、妻を亡くした男性の余命は、同年齢の平均余命に比べて30%短くなるそうです。ちなみに、夫を亡くした女性の平均余命には変化がないとのこと。なんとなくうなずける研究結果ですね。

そういえば、芸能人の夫婦の例では、朝丘雪路さんの死から99日目に、夫の津川雅彦さんが心不全で亡くなっています。また、樹木希林さんの亡くなった半年後に、夫の内田裕也さんが亡くなっています。

夫婦どちらも元気で長生きをし、ポックリ逝くのは理想ですが、そううまくはいかないのが現実です。

とくに家事に不慣れな夫は要注意。いまのうちから自活能力を身につけ、自立した健康的な生活を続けられるようにしておくことが重要です。そのためには、食事の用意、洗濯、掃除などの家事を、日常的に夫婦で分担してはいかがでしょうか。

先に少し触れましたが、定年後に夫が料理を習うことはお勧めです。昨今は熟年男性向けの料理教室もあり、人気を集めているそうです。

先立たれるだけでなく、妻が入院するケースも考えられます。そんなとき、「お米のとぎ方」「包丁の持ち方」がわからないでは、その日の食事すらままなりません。食事がおろそかになれば、体力だって衰えます。

「ベターホーム」のアンケート調査によると、最初はほとんど料理をしない人が約75%でした。しかし、料理を習うことで、月に2~3回、家で料理をするようになった人が約50%に増えました。

また、妻の負担を減らすという意味でも料理は大きなメリットがあります。

現役時代は、朝とたまに夕食を準備するだけですんだかもしれません。でも、定年後は毎日家にいるため、妻は1日に3回の食事を用意することになります。それまでに比べ、負担が増えるわけです。

これを週に1回でも手伝うことで、妻は気分的にもかなり違います。夫の株がグッと上昇するのは間違いないでしょう。逆にいっさい料理をせず、食事時になるたび「メシはまだ～」なんて催促していると、熟年離婚のリスクが高まってしまいます。ただでさえ「濡れ落ち葉」になっているなら、さらに危険です。

定年後は時間がたっぷりあります。料理をしていると楽しい時間を過ごすことができ、妻の機嫌もよくなる。まさに一石二鳥です。

ただし、「料理をしてくれるのはいいけれど、散らかしっ放しで後片づけをしないんだから！」などと怒られないように。妻の手間を増やしては逆効果です。

先ほどのベターホームの調査によると、料理教室に通う前は、料理以外の家事をほとんどしなかったという人が約37％でした。ところが、通ったあとは、家事をほとんどしない人が約12％に減っていました。料理をきっかけとして、家事全般に目が向くようになったのでしょう。

料理がきっかけでも、掃除がきっかけでもいいのですが、日常的に家事を手伝う生活を実践してみませんか。そのときになっていきなりやれといわれても、なかなかできるものではありません。

配偶者に先立たれても生活していける力を、日頃から鍛えていくことは大切です。

人生の終わりに向けた準備を

人生はいつか終わる——これは確実です。

ある程度の年齢になったら、「終活」も考えましょう。

亡くなった本人は何もわかりませんが、残された配偶者や子どもはここからがたいへんなのです。

どんな宗派だった？　葬儀には誰を呼べばいいの？　友人・知人の連絡先は？　預金通帳はどこにある？　使っていない通帳が何冊も出てきた！　保険証券は？　土地の権利書は？　戸籍がわからない？

やるべきことは山ほどあり、多種多様な書類提出も必要です。手続きには期限もあります。大事なことを何も伝えず、「あとは野となれ山となれ」で旅立ってしまうと、家族は非常に困るのです。戸籍を調べたら知らない兄弟がいた、なんてことが発覚したら、相続問題の火種にもなりかねません。

「本当にきちんとした人だったね」としみじみ惜《お》しまれるか、「最後の最後まで迷惑かけて！」と罵倒《ばとう》されるかは、生前の準備にかかっています。

生前の準備は残された家族のためだけでなく、自分自身の人生を振り返り、終活へ向けた気持ちの整理にもなります。

便利なグッズとして「エンディングノート」があります。さまざまな種類が市販されていますので、気に入ったものを選んでください。

ここに、自分の情報、自分の生きた内容、医療や介護についての希望、認知症になったときの希望、葬儀についての希望、財産などの情報、預貯金・保険証券などの情報、相続に関する自分の希望……などを記入します。

エンディングノートに決まった書き方はありません。書けるところから少しずつ書いていきましょう。

ただし、エンディングノートに相続の希望を書いたとしても、法的な効力は何もありませんので注意してください。

正式な「遺言書」なら法的な効力をもつ

相続に関してしっかり残しておきたいのであれば、遺言書を準備しましょう。エンディングノートと違い、正式な遺言書は法的な効力をもっています。正式な遺言書には「自筆証書遺言」「公正証書遺言」「秘密証書遺言」の3種類があります。

■「自筆証書遺言」

自分で紙に書く遺言書で、誰でもできて簡単です。しかし、書き間違えや内容が曖《あい》昧《まい》だったりして無効とされることも多いので、注意しないといけません。

もっとも、民法の改正によって、自筆遺言に関する制度が少々変わりました。財産目録は自筆ではなく、パソコンで作成したり、銀行通帳のコピーを目録として添付することが認められました。ただし、署名・押印が必要です。

また、自筆証書遺言の管理を、法務局に申請できます。相続人は相続開始後に、遺言書の写しの交付や閲覧の請求をおこなえます。遺言書の紛失・隠匿《いんとく》などを防ぐとともに、存在が把握できるようになりました。

これにより、自筆証書遺言はとても使いやすい制度に変わっています。

■「公正証書遺言」

公証役場で、公証人が作成します。したがって、内容について不備の可能性が低く、保管もしてもらえるので安心です。

■「秘密証書遺言」

自分で用意した遺言書を持って、2人の証人と公証役場へいき、手続きをします。遺言書の内容は公証人にもわかりませんが、遺言書が存在することを証明してもらう形式です。

生前整理は老いてからではなく元気なうちに

■生前整理

生前整理も、元気で体力があるうちにやっておきたいことの一つです。身体が不自由になったり、認知症になってからでは難しくなります。

子どもたちが遺品整理をする際、親のものはなかなか捨てられず、そのままになってしまうことが多いものです。生前整理はそうした負担を減らすためでもありますし、財産目録を作るうえでも役に立ちます。

また、自分たちにとっても、シンプルで暮らしやすくなるメリットがあります。

■亡くなったときの手続きは煩雑

人が亡くなると、さまざまな手続きが必要になります。

人生で何度かは経験することだと思いますので、その一部を紹介しておきましょう。

・死亡診断書、死亡届の提出
・埋葬・火葬許可申請書の提出
・遺言書の検認・開封
・年金受給の停止手続き
・世帯主の変更
・未支給年金の請求
・介護保険の資格喪失届
・国民健康保険の資格喪失届
・戸籍謄本・除籍謄本・住民票・印鑑証明書の入手

これらは、提出の期限が決まっていたり、書類がそろわないと手続きができないものもあります。かなりたいへんな作業になり、決めないといけないことが次から次へと起こります。

■相続の手続きは早め早めの準備を

次は、相続についてです。

親が亡くなると同時に、法律上では「相続の開始」になります。

しかし実際は、葬儀や法要の催行、さまざまな手続き、役所への届けなど、たくさんあります。

さらに、葬儀費用の支払い、香典返しなど、悲しみとあまりの慌《あわ》ただしさに、ゆっくりできる時間はありません。

気持ちがある程度落ち着いてくるのが、四十九日の法要が過ぎたころです。ようやくそこから、相続の話し合いが始まることが多いようです。

とはいえ相続の手続きも、のんびりしていられません。

相続放棄は相続が開始してから3か月以内におこなわなければなりませんし、4か月以内には「所得税・消費税の準確定申告」をする必要があります。

そして、「相続税の申告・納付」は10か月以内です。この10か月という期限は、あっという間にやってきます。

早め早めに対処をしておくのが賢明です。

▩相続税対策には生命保険を利用する方法もある

10か月以内と聞くと焦《あせ》るかもしれませんが、相続税がかからない人は、税務署への申告は必要ありません。相続税の基礎控除額は、「3000万円＋（600万円×法定相続人の数）」です。これをオーバーしたときは、相続税の申告、納税が発生します。たとえば、夫が亡くなり、相続人が妻と2人の子どもだった場合、法定相続人は3人です。基礎控除額は、3000万円＋（600万円×3人）＝4800万円。

4800万円以上の遺産があるなら、相続税の課税対象になります。首都圏にマイホームをお持ちだと、該当する方も多いのではないでしょうか。

「家族のために残そうと思ったのに、税務署に持っていかれるなんてあんまりだ！」と感じるかもしれませんね。

そこで、相続税対策が必要になるわけです。相続税対策はいろいろありますが、簡単な方法としては、生命保険の利用があります。

生命保険の死亡保険金は「500万円×法定相続人の数」まで、相続税が非課税です。課税対象になる場合も、非課税分を除いた金額がほかの相続財産と合算されます。お金のプランニングをする際には、ここまで考えておきたいですね。

Part 4

悩み・不安を解消する専門家との橋渡し

特別対談

ライフエレメンツ
代表取締役
福岡武彦

×

ファイナンシャルプランナー
日本年金学会会員
長尾義弘

行き当たりばったりでは第二の人生をエンジョイできない

長尾　ここからは、老後の問題やその解決の仕方について、福岡さんと対談形式で進めていきましょう。福岡さんは新しいプロジェクトを計画しているそうですね。

福岡　「士業や専門家とシニアをＩＴでつなげる」という企画です。ＢＢＴ大学・大学院を主宰されている大前研一先生が主催した起業家育成の課外プログラム「社内起業家養成講座」に参加し、大前先生やそのブレーンである教授陣とに揉《も》まれながら練り上げました。

長尾　対談のなかで詳しく伺っていきます。さて、いまや「人生１００年時代」。平均寿命はどんどん延び、１００歳を超えて生きる人も増えてきました。

福岡　定年退職したあとは余生と考えられていた時代にくらべ、定年から先の人生が格段に長くなっています。

長尾　長生きできるのは喜ばしい反面、リスクでもあります。いつ寿命がつきるかはわかりませんが、長生きすればするほどリスクは高まります。

福岡 そうですね。定年後の計画をしっかり立てておかないと、豊かな老後生活を送ることができません。

長尾 ここまで述べてきたように、そのための3大ポイントが「お金」「健康」「生きがい」です。定年後の不安や悩みは、ほぼこの3つに集約できると思います。

福岡 「老後資金2000万円問題」が話題になりましたが、やはり老後の資金計画はいちばん関心が高いポイントでしょう。

長尾 長寿になったぶん、ヘタをすると老後破綻になりかねませんからね。

福岡 たしかに生きている途中で資金が足りなくなっては困りますが、じつは2000万円や3000万円を残して亡くなる方が多いんです。しかも、ひたすら生活を切り詰め、お金が残るケースがほとんどです。何の楽しみも味わわないまま終わりを迎えてしまうなんて、もったいないじゃないですか。計画性があれば、もっとエンジョイできるかもしれないのに。

長尾 せっかくの第二の人生が、残念なことになってしまう。

福岡 大前研一さんは、30代、40代のころから、きっちり資金計画を立てていたそうです。何歳のときにこのくらい稼いで、子どもにはいくら信託し、そうするとどのくらい残るかを計算する。残ったお金は好きなように使えますから、何歳で亡くなっても使いきれるようにする、と。この考え方を、終活に採り入れてもいいのではないかと思っています。

長尾　実際のところ、大半の方は計算していませんよね。

福岡　そう、行き当たりばったり。平和な国だからでしょうね。命を脅《おびや》かす危険と隣り合わせの日々を送っているわけじゃないですし、いよいよ困窮すれば生活保護もあります。

長尾　私も繰り返し述べているんですけれど、みなさん腰が重い。どうやったらその気にさせられるか、悩みの種です。

福岡　企業も40年つくしてくれた社員にはハッピーリタイアメントしてほしいし、その後もハッピーに暮らしてもらいたいという思いがあるようです。もちろん、若い世代でも、お金のこと、将来のことを考えている人はいます。しかし、企業が気にかけるのは、やはりシニア世代です。リタイアしたとたんにしょぼくれてしまうのではなく、プライドをもった生活を送ってもらいたい。そうなるように支援したいと、総務部や人事部は考えているみたいですね。ですから、退職後のお金、不動産、健康、生きがいなどについて、外部から講師を招いて退職前研修をおこなっています。ただ、そうはいっても、研修を受けただけでハッピーになれるわけではありません。

長尾 短期間の研修で、いっぺんに詰め込もうとするのは無理があります。

福岡 そこで、ウェブ上で退職後の資金計画がわかる「100年ライブイルミネーター」というシステムを作成しました（203ページ参照）。

長尾 100年ライブイルミネーターですか。その特徴は何でしょう？

福岡 お金や生活スタイルなどの質問をし、年齢を重ねるごとに、老後資金がどういう残高状態になるかを表で示すしくみになっています。大前さんもおっしゃっていたのですが、日本は年金、貯金、保険、不動産などバラバラに計算していて、それらをトータルでサポートするしくみがないんです。だから、全体でどのくらい余るのかわかりません。みなさん、足りないと思っている。

どうやら大丈夫そうだと気づくのは、だいぶあとになってからです。何回も海外旅行にいけるほどお金があったって、そのころにはアクティブに行動できるだけの体力が残っていません。せっかくのお金を活かしきれないのです。ですから、早めにトータルで考えておくことが大事だと思います。

問題を顕在化し、優先順位をつけるとアクションが起こしやすい

福岡　もうひとつの特徴は、問題の顕在化です。質問は「お金」「健康」「生きがい」の3大ポイントに基づいています。それらに答えることによって、その人なりの問題やテーマがあぶり出されます。

長尾　第一ステップとして、気づきは非常に重要です。定年前後の方にお話をうかがうと、「なんとなく不安だけれど、どうしていいのかわからない」「このままではマズイと思うんだけれど、何をすべきか見当がつかない」といった声が多いんです。不安や悩みの本質がつかめなければ、動きようがありません。心配を募《つの》らせるばかりでは、楽しい老後生活を送れないでしょう。

福岡　わからないから、身動きが取れない。そういう人はたくさんいますね。

長尾　でも、漠然と考えていたって道筋は見えてきません。どうしようもないところ

まで追い込まれてからだと、打つ手も限られてしまいます。

福岡　だから、問題を顕在化し、取りかかるべき優先順位をつける。これが腰を上げるきっかけになります。悩みややりたいことはいろいろとあるでしょうが、人生の積み残しの棚ざらえではありませんし、徹頭徹尾《てっとうてつび》、解決するものでもありません。しかし、この3つさえクリアすれば、問題の半分、いや7割はなくなると思います。

長尾　ちょっと気づいて、ちょっと修正すると、けっこうハッピーになれる。ここを理解してほしいですね。

福岡　短期間で効率よく解決するためにも、優先順位をつけることは大切です。

長尾　ひと口に老後問題といっても、深刻さの度合いや緊急性は、それぞれ違いますしね。

福岡　「いちばんマズそうだぞ」という部分から手をつけていけばいい。

長尾　本書の目的もそうした「気づき」にあります。定年後に浮上するであろう、さまざまな問題を考えるきっかけになればと願っています。ここまで読んでこられた方々は、定年後の問題が大まかに浮き彫りになってきたのではないでしょうか。

福岡　問題を顕在化しただけでも、かなり解決に近づいたといえます。

長尾　目指す方向が定まりますから、次の一歩を踏みだしやすくなりますね。

「困った、自分じゃ解決できない！」そんなときのために専門家がいる

長尾　問題が明らかになれば、あとは具体的なアクションを起こすのみです。「定年後は何より健康が心配だ。認知症患者は増えているというし、もしも認知症になったらどうしよう」と気を揉んでいる人は、認知症リスクを減らす方法を考えればいいわけです。そして、それが「一度、検査を受けておこう」という行動につながります。検査結果が問題なしと出れば、気持ちが落ち着きます。たとえ兆候があったとしても、早期発見によって薬で進行を遅らせることも可能です。いずれにしろ、ただ思い悩んでいるより、ぐっと快適に過ごせるはずです。

福岡　そこから、さらに日常の習慣、運動、食事の改善など、健康面の全般にわたって留意するようになるかもしれません。

長尾　健康のためにと始めたウォーキングが、やがて生きがいへとつながっていった

例もあります。

福岡　そういうお話を聞くと、「お金」「健康」「生きがい」は連動しているんだなあと実感します。

長尾　ただ、問題は見つかったものの、なかには個人の知識では解決できないことも存在します。こういうときはひとりで悶々《もんもん》と悩んでいるより、専門家の知識を借りることをお勧めしたいですね。

福岡　同感です。自分の力だけでもなんとか解決できるかもしれませんが、専門家のアドバイスを受けたほうが、よりよい結果を得られるケースは多々あります。

長尾　世の中には、いろいろな分野の専門家がいます。どんな問題に、どういった専門家が対処してくれるのか、一例を簡単な一覧表（189ページ）にしてみました。

福岡　ひとつの問題でも、そこにはさまざまな要素が絡んできます。

長尾　たとえば、病気。治療方法については専門医に相談しますが、その先に介護が待ち受けているかもしれません。すると、介護施設・老人ホーム選び、ケアマネージャーとの連携、どんな介護サービスを利用するかなどの問題が発生します。これらは専門知識がないと選べません。

福岡　費用の問題も関わってきますね。それぞれ相談すべき専門家が違います。

長尾「生きがい」となれば、さらに幅広い考え方が必要です。なにしろ見つけ方も、そこにたどり着くまでのプロセスも、100人いればそれこそ100通りありますから。ベストの答えをもっているのは自分自身なのですが、なかなか気づきにくい。どのジャンルが向いているか、どうすれば実現できるか、人と交流することで見つかる場合もあります。学び直しをして定年後も仕事で活躍したいなら、「キャリアコンサルタント」という専門家がいます。また、前を向ける人ばかりではないと思います。退職と同時に居場所を失い、孤独感に見舞われてうつ病などになってしまうと、公認心理士のアドバイスが必要になります。

福岡　現役時代に比べ、人との交流が少なくなり、相談できる相手も限られてきます。身近な家族や知り合いに相談するといったって、どれほど正確な知識をもっているでしょうか。

長尾　雑誌やネットには、不安をあおり立てるような記事がよく載っています。私からすると、ごく一部を切り取った半端な内容も多いですよ。全体を俯瞰《ふかん》していないなあと思うのですが、そういった情報を鵜呑《うの》みにしている人も少なくありません。

▶定年後の問題を解決してくれる専門家たち

お金	
家計の見直し	ファイナンシャルプランナー
老後の資金計画	ファイナンシャルプランナー
年金	ファイナンシャルプランナー 社会保険労務士
資産運用	資産運用アドバイザー（IFA）
税金	税理士
相続	税理士、弁護士
不動産	不動産鑑定士、不動産仲介業者 宅地建物取引士
家族信託	司法書士、行政書士、弁護士
健康	
病気など	医師など専門職
介護	ケアマネージャー、社会福祉士
リハビリ	理学療法士
介護の悩み	介護関係のＮＰＯ法人、 地域包括支援センター
生活習慣病	医師、管理栄養士、健康運動指導士
食事療法	医師、管理栄養士
がん	医師、臨床心理士
生きがい	
再就職	キャリアコンサルタント
学び直し	キャリアコンサルタント
孤独	公認心理士、産業カウンセラー

福岡　だからこそ、シニア世代にとっては、専門家の正しい手助けがいっそう重要だといえるでしょう。

頼れる専門家にどうすれば出会えるか？

長尾　問題が起きたとき、専門家を頼る方法があることは覚えておいてほしいですね。そのほうが解決への近道になります。

福岡　ですが、これがなかなか難しい。一般ユーザーが専門家を探すと、ぴったりの専門家はいるようでいないんです。品定めするわけにはいきませんし、何回もお試しをするわけにもいきません。それで最後は追い詰められて、もう出たとこ勝負です。一生に一回や二回の大事なことを、えいっと勢いで決めています。初顔合わせですから、両者とも手探りで進めていかなきゃならない。本当の意味でのマッチメイキングができていません。

長尾　ホームページなどを調べて、学歴やら業績やら、期待できそうなことが書いてある人を適当に選ぶ、と。

福岡　でも、どこそこの省庁のアドバイザーをしていて、委員会の委員で、論文こうですなど、立派な肩書きや実績が並んでいる人に限って、実務はスタッフがやっていたりする。上の人間がチェックはするでしょうが、本物のサービスとはいえません。

長尾　厳選したつもりがスタッフだった……ではねえ。

福岡　そもそも日本人は、お金を払って相談する習慣がないんですよ。

長尾　相談は無料が当たり前という風潮があります。お金を払ったほうが、結局は得をするケースもたくさんあるのですが。

福岡　お財布のひもが堅い。シニアは専門家への報酬が高いと感じる方も多くおられ、解決の機会を失ってしまうことも多々あります。

長尾　マッチングのサイトで検索しても、無料相談が出てきますね。

福岡　料金が高いんじゃないか、仲介者が搾取《さくしゅ》するんじゃないかといった不信感は、ユーザー側ももっていると思います。たしかに、密室の中ではそういうことが起こる可能性はあります。この人にお金を託します、実印も預けますみたいな状況なので、専門家にしたらカモネギ、ユーザーからしたらマグロ状態です。

長尾　専門家を前にすると、どうしてもユーザーの立場は弱くなります。

福岡　専門家にとって、そのユーザーは一見《いちげん》のお客さんであり、多数のうちの一人です。効率的に処理して、たくさん数をこなしたい。ですから、その人にフィッティングしたアドバイスをもらえるかどうかは疑問です。

長尾　提示された解決策が、ベストな方法とは限らないわけですね。

福岡　ベルトコンベアー式に流していっても、一応できることはできます。けれど、適切な商材を選んだり、その人のもっと深い部分から、こうしたほうがいいんじゃないですかといったアドバイスは出てこないでしょう。親密度に欠け、サービス内容は簡素化し、大量生産的なものになっている気がします。とはいえ、ユーザーも一回きりのことなので、その専門家がよかったのか悪かったのかもよくわかりません。

長尾　ひと口に専門家といっても、得意な分野は異なります。たとえばＦＰ（ファイナンシャルプランナー）も、保険、不動産、相続、老後資金といった具合に、それぞれ得意とするジャンルがあり、誰に相談するかで答えが変わってきます。この選び方で、最適な解が得られない可能性はあります。それに、クオリティもまちまちです。

福岡　本物と呼べる専門家は一割くらいではないでしょうか。

長尾　こういってはなんですが、はずれを引く確率が高い。

福岡　シニアの問題を解決するためには、やはり正確な情報収集と、専門家のノウハウを最大限に引きだすことがカギだと思います。ただ、現在は手厚いマッチングシステムがありません。私は、税務署、銀行、本社財務担当とお客さまとの間を、お客さまの意向に沿う形で調整するというやり方で40年間仕事をしてきました。その経験を活かし、専門家とユーザーとのお見合いマッチングサービスを構築中です。士業はもちろん、資格化されていないマニア、専門家、研究者、事情通など、ノウハウをもっているエキスパートを集団化しようと考えています。いわば、専門家のプロダクションのようなものです。

長尾　専門家のプラットフォームを構築し、ユーザーに合った相談を受けられる態勢を目指している、と。

福岡　専門家はその分野に精通することがバリューです。宣伝やマーケティング、営業、経理、法務などに時間を割《さ》かれるのは嫌なんです。

長尾　本業以外は苦手な人も多いです。

福岡　そういった部分はこちらで担当します。芸能人だって、関係者への連絡やスケジュール調整、お金の交渉など、こまごましたことはマネージャーがやっているでしょう。雑事に忙殺《ぼうさつ》されていたら、本人のバリューが落ちます。

長尾　なるほど、芸能人にマネージャーがつくイメージ。そういうところがあれば、専門家は本来のビジネスに専念できます。

福岡　専門家は辛口で堅物、どこにも媚《こ》びない人を厳選するつもりです。長年、士業をやってきたので、専門家の目利きができることが私の強みです。

専門家と相談者の間をつなぐユーザー目線に立った存在が必要

福岡　それから、専門家とユーザーとの間に、もう一人、専門知識をもった添乗員的な存在を置こうと考えています。

長尾　添乗員というと？

福岡　問題解決をよりスムーズに、短時間に、最大の効果・成果をあげるためのガイドです。専門家、ユーザー、添乗員の三者が関わるわけですが、この関係は正三角形ではないんですよ。添乗員はユーザーの視点に立ちます。

長尾　添乗員が入ることで、どんなメリットがありますか。

福岡　専門家は技術的なことを、いっぺんにうわーっと話します。まくし立てられたって、ユーザー側はちんぷんかんぷんです。わからないけれど、「ハイ」とうなずくしかない。結果、ユーザーが理解しないまま、満足にコミュニケーションが取れないまま、ものごとが進んでしまいます。あまりにも話が通じないと、辛口専門家のほうもちょっと嫌になってしまう。もっと勉強してから出直してきて、と。専門家と一般人では、そもそも知識レベルに開きがあります。異なった言語で話しているようなものですから、通訳が必要です。

長尾　添乗員は通訳の役割を果たしてくれる。

福岡　そうです。専門家の言葉をわかりやすくかみ砕くだけでなく、ユーザーの要望も伝えます。ユーザーにとって、専門家は怖い相手です。こんなことをいったら怒られるんじゃないか、呆《あき》れられるんじゃないかと思うと、気後れしていいたいこともいえなくなってしまいます。また、専門家はユーザーの前提を写真を撮ったように切り取り、それを土台として話を進めがちです。しかし、細かい状況は人それぞれ違います。そこで、寄り添った添乗員が、「こうですよね、ああですよね」とこと細かに説明するんです。そのいっぽうで、「先生、こんな方法がいいんじゃないですか」と専門家もつつく。そうやって、未来のことまで勘案《かんあん》すれば、現在においてベストなものを引き出すことができるでしょう。添乗員はあくまでもユーザー寄りですので、2対1で専門家に対峙するわけです。

長尾 どこが悪いのかわからない、何を聞いたらいいのかわからない……という人はけっこういると思います。そんなふうに右も左もわからない相談者にとっては、心強い味方になります。

福岡 私は偏屈者ですから集団行動が苦手で、旅行といえばいつも個人旅行。海外の見知らぬ名所旧跡でガイドさんつきのツアーに出くわすと、うらやましいと思っていました。個人だと、ネットやガイドブックで調べたことしかわかりません。でも、添乗員は日本語でこと細かく、しかもこだわりのある内容を解説してくれます。すると理解が深まり、風景が違って見えます。その人がいないと、その場が生きない。

長尾 ひとりで歩いていると、道に迷うこともあります。

福岡 さんざん遠回りして、やっとたどり着けたり。あるいは、似たような名所旧跡を目的地だと勘違いし、見るべきものは見たと引きあげたり。

長尾 本当はたどり着いていないのに。

福岡 帰国してからミスに気がついたって、あとの祭りです。添乗員がいれば、そういう間違いは起こらず、旅行の価値が高まります。それと同じ発想です。身近に生涯のこだわり専門家がいたら、とてもいいのではないでしょうか。

長尾 添乗員がいるかいないかで、ぐっと違ってきますね。

福岡 いまのマッチングシステムは、ファーストコンタクトだけなんです。お見合いのときのように「あとはお若い方同士で」と、すぐにいなくなっちゃう。取り残されたほうは何を話せばいいんだか困りますよ。ダブルデートなら、友だちが「あなたはこうでしょ」なんて世話を焼いてくれますが。

長尾 マッチングでは間をとりもってくれる人がいないんですね。

福岡 紹介者や仲介者に見放されたら、二人だけの密室でそれこそ専門家のいいなりになるしかない。全然、調整役になっていません。はっきりいってブローカーに近い。ひとり入れることによって、このブローキングシステムを壊したいと思っています。

長尾 既存のマッチングは、引き合わせて終わり。アフターケアはありません。

福岡　最近、企業はファーストコンタクトで終わりにしていませんよね。私たちの製品を長く愛していただこうと、そのあとのお客さまフォローを一所懸命やっています。ただ、残念なことにプロダクトが1社だけ。ほかのところと比べていませんから、いくらフォローしても意味がありません。ほかにもっと優れた製品が出ても、「いや、わが社のこれで」という話になります。お客さまをフォローするアイディアはいいのですけれど、その枠組みに縛られています。結局、まったくお客さまのためになっていません。

長尾　保険も同じです。当然ながら、1社専属の営業員はその会社の保険しか扱わず、他社との比較はいっさいありません。それに、親身になって、しかも無料で相談にのってくれるといったって、彼らは保険を売るのが仕事です。販売手数料で収入を得ていたり、販売成績がボーナスに反映されたりします。お金の出どころは保険会社ですから、中立な立場にあるとはいいがたい。相談者の意向を尊重しつつも、最終的には販売手数料の高いほうを勧める傾向があります。

福岡　その人がどんなに素晴らしい人であっても、提案された商品がいちばんパフォーマンスが高いとは限らない。そこが問題です。

長尾 投資アドバイザーなどにも同じことがいえます。投資商品の販売手数料が入ってきますから。また、販売と購入の両方を手がけている不動産仲介業者も、双方から手数料を受け取ります。いわゆる「両手仲介」です。囲い込みの営業などさまざまな弊害があり、売り主にとっても買い主にとっても悪影響をもたらします。

福岡 相談相手を誤ると、本当の問題解決につながりません。いまのウェブマッチングはフォローがありませんし、本物の専門家が少ない可能性もあります。ユーザーには本当にいい専門家を探してもらいたいのですが、いまのところ探す方法があまりない。40年やってきて、そう思います。

長尾 「100年ライブイルミネーター」なら、いい専門家を見つけられる。

福岡 添乗員がこまごまと面倒を見たうえで、この専門家がいいでしょうと選ぶしくみにするつもりです。ネットでキーワードを打ち込むとトップのページにいろいろ出てきますが、全部を読むとよけいにわからなくなりがちです。そこを、あなたはこれだとぴしっとはめてくれます。

長尾 橋渡しの役割は重要ですね。ユーザー目線に立ってもらえば、満足のいく専門家に出会える可能性が高まります。このシステムは誰でも利用できるようになるんですか。

福岡　いえ、そこはクローズドにします。ユーザーは契約した企業の従業員が対象です。また、専門家に対しても、この人はこの分野に精通しているといったフィルタリングにかけます。

長尾　クローズドにする理由は？

福岡　現行のシステムは、どなたでもいらっしゃいという形が多いんです。そうすると、言い方は悪いですが、雑多な集合体になってしまう。技量の低い専門家が登録したり、とにかく安けりゃいいみたいなユーザーがいたり。だから、ミスマッチが起きやすいのではないでしょうか。このミスマッチを解消するために、クローズドにしました。正直、マッチメイキングすること自体、非常に難しいんですけれどね。それでも、いまはウェブの時代ですから、ウェブ上に記録されたデータを使えます。専門家の得意分野や性質を正確に把握し、ユーザーの問題を絞ることによって、「あなたにとって、いちばんの技術を持つ最高の人」とマッチングができるのではないでしょうか。このしくみに賛同する企業が増え、徐々に輪が広がっていけばいいと思っています。

長尾　ユーザーはもっともニーズに合った専門家に出会え、専門家は真剣に取り組む意思をもったお客さんを紹介してもらえる。どちらにとっても安心感が増します。

福岡　専門家とシニア、両者の立場を最高にしてあげる橋渡しの役割で、我々ライフエレメンツのサービスです。専門家は適材適所で大活躍してもらい、ユーザーの価値をマックスに、そして専門家もハッピーに。そうなってくれることを願っています。

長尾　平均寿命が長くなったぶん、いろいろな問題にも直面します。

福岡　しかし、立ち止まっていても未来は開けません。

長尾　「お金」「健康」「生きがい」について問題を洗いだし、早めにアクションを起こすこと。自分の手に負えない問題は専門家に相談すること。そして、満足のいく専門家を探すこと。楽しく豊かに老後を暮らすには、ここが肝心です。

福岡　上位8割を占める悩みについて順番に準備していけば、年齢を重ねるごとにどんどん守備範囲を広くしていけると思います。第二の人生も、きっとバラ色になるでしょう。

2 「お金」「生きがい」「健康」について将来のリスクを検出します。

「お金」「生きがい」「健康」の質問に回答することで、それらに潜んでいる問題を洗いだすことができます。それにより、将来においてリスクがあるのかどうかを判定します。もしリスクが潜んでいるようだと、フラグが立ってお知らせをしてくれます。フラグには、問題についての指摘が出てきます。継続的に利用していただき問題が解決すればフラグは消えます。フラグが少ないほど老後の不安要素は解消していくことになります。

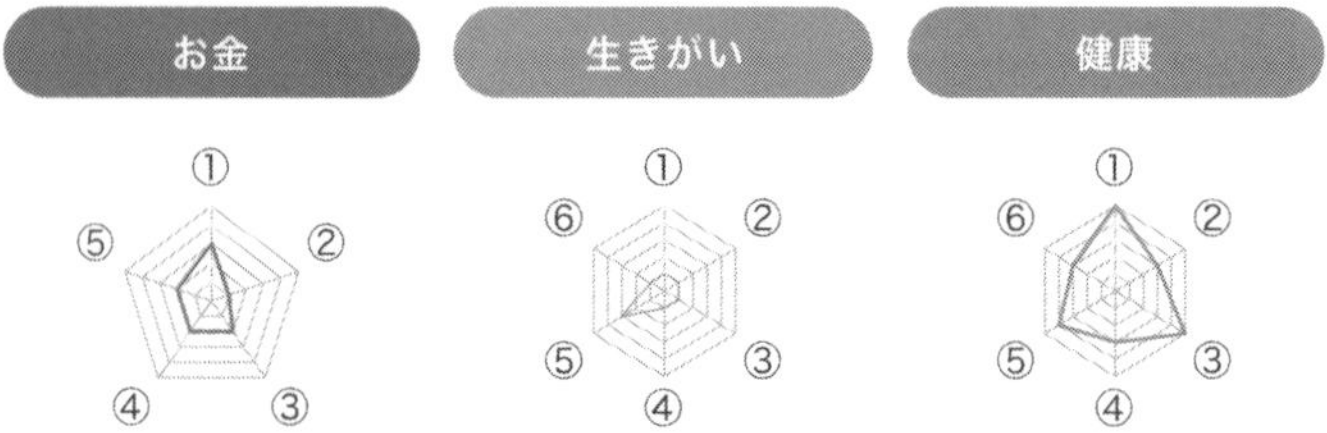

3 個々の問題についての概要、概略を15分程度で効果的に理解できる動画や、トピック別のオンライン研修などのコンテンツを提供します。

シニアの方が専門家との密室でマグロ状態にならないよう、事前にレクチャーできるセグメントを設けます。

4 サイト内で、シニアの方々に辛口、切れ味するどい専門家を複数紹介。

コンタクトを取れるページも用意し、現実的に問題解決に向けて取り組むきっかけを提供します。さらに、ユーザー側に立った助言をする添乗員も担当に付けて、シニアの課題、テーマを実践的に解決するためのサービスを提供します。

Column

100年ライブイルミネーターとは

老後の大きな不安・悩みである「お金」「生きがい」「健康」について、どんな問題が潜んでいるのかをあぶり出して、問題解決の糸口を見つけられるように開発されたシステムです。

大きく、4つのセグメントがあります。

1 老後資金の分析です。老後の大きな心配でもあるお金を明確にします。

「老後の収入」「老後の支出」「資産残高」の3項目を入力することで、老後資金を「見える化」できます。老後資金が足りるのか？ というのも一目でわかるようになっています。

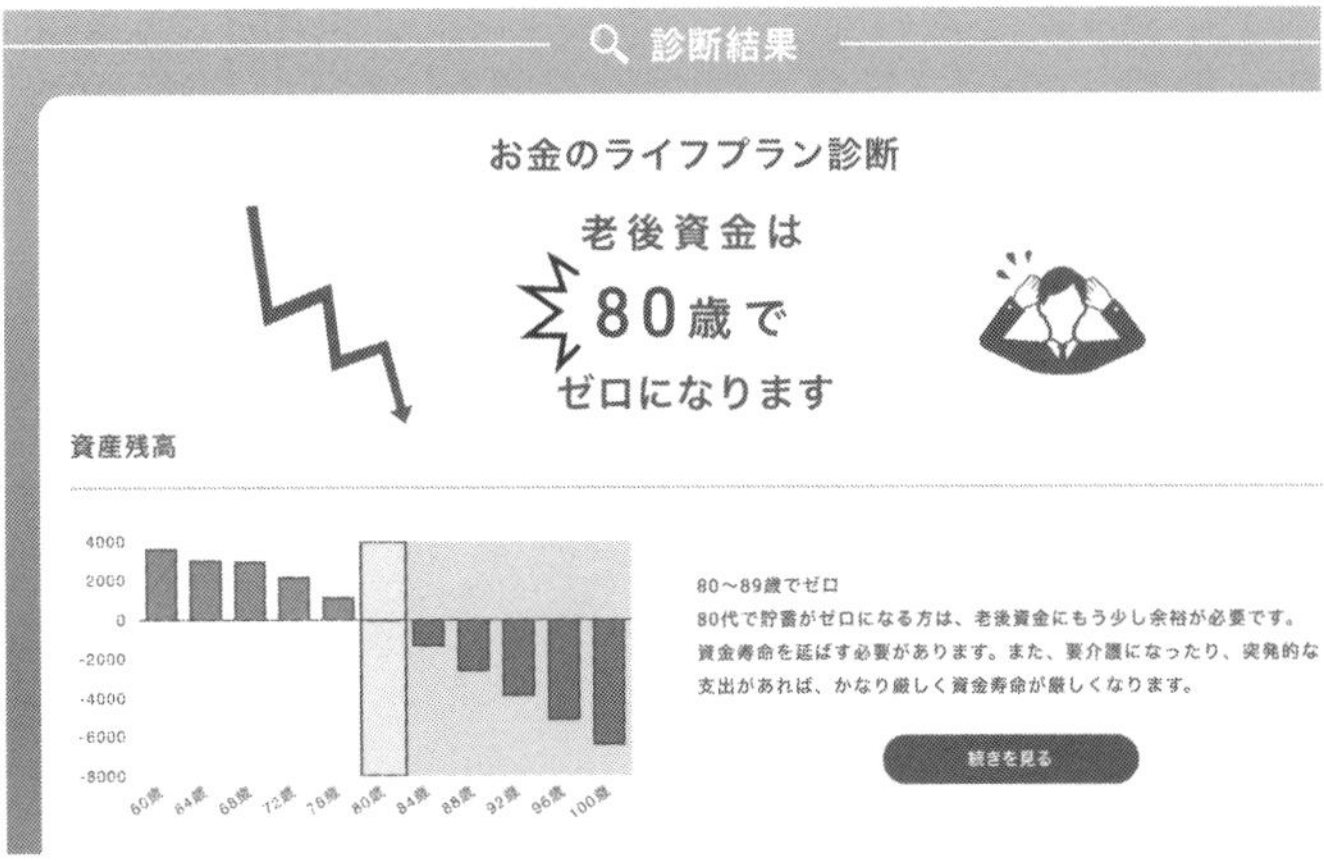
診断結果
お金のライフプラン診断
老後資金は
80歳で
ゼロになります
資産残高
4000
2000
0
-2000
-4000
-6000
-8000
60歳
64歳
68歳
72歳
76歳
80歳
84歳
88歳
92歳
96歳
100歳
80～89歳でゼロ
80代で貯蓄がゼロになる方は、老後資金にもう少し余裕が必要です。資金寿命を延ばす必要があります。また、要介護になったり、突発的な支出があれば、かなり厳しく資金寿命が厳しくなります。
続きを見る

おわりに――

　定年は人生において大きな節目です。子育てや住宅ローンといった問題もそろそろ卒業という時期ですから、ようやく肩の荷を下ろした気分になるでしょう。

　とはいえ、定年はひとつの通過点であり、けっしてゴールではありません。長寿化が進むいま、老後と呼ぶにはまだ早く、ここから第二の人生がスタートします。

　定年後の時間が長くなった分、さまざまな心配も湧き上がります。真っ先に思い浮かぶのはお金のことではないでしょうか。そのせいか、退職を機に利殖に走り、虎の子の退職金を大幅に減らしてしまうケースが後を絶たないようです。我々シニア世代はうまくお金を増やす教育や訓練を受けていませんし、お金で勝負する経験もセンスも乏しいのが実情です。

　マスコミ、インターネット、SNS、タクシー広告などでは、新商品や投資が声高に宣伝されたり、話題になったりしています。たいへん魅力的に映るものの、よほど研究を積み重ねない限り賛成しかねます。素人がいきなり手を出して儲けられるほど、甘い世界ではないのです。

消費にも関連するのですが、こういうものを何度も見ていると無意識のうちに影響されてしまうことがあるので気をつけなければなりません。巷《ちまた》に飛び交う情報の中にはフェイクニュースも含まれているのです。真偽を見極めるためには、それこそプロに近い目が必要になります。

では、シニア世代は、この先の生活をどうやって防衛したらいいのでしょうか。

まずは、未来のリスクを想定し、対策を打つこと。これにつきます。ひとりでは難しいかもしれませんが、たくさんの経験やデータベースをもっている専門家と一緒に検討できれば、道は開けます。

世の中にはこういうことが大好きで、常に研究している本物の専門家がきっとどこかにいます。自分なりに研究したり試したりしつつ、専門家と楽しくコミュニケーションを取っていくことがよい方法だと思います。なんでも楽しく、気分よくやらなければなりません。

もうひとつ。問題解決するときはお金を出し惜しみせず、潔く使うこと。人生の1度か2度の最大リスクについて対策を立てるのですから、長い目で見れば必ずいい方向に向かうはずです。「損して得取れ」です。

長い間、私はお金と仕事の関係を見てきました。大半の方が「お金を稼ぎ、増やすこと」と「仕事や商売、投資がうまくいくこと」は、イコールで結ばれると考えているようです。しかし、このセンス、考え方が、お金が増えない最大の原因だと思います。

かの福沢諭吉は、なんでもお金に関連づけて考える大人を毛嫌いし、金勘定を度外視して学び、行動して人生を切り開きました。このように、お金の多い少ないにあまりこだわらず、仕事に精を出すのがいいことだと信じています。こういったセンスが身につくと、お金に失敗しない生き方へとつながっていくかもしれません。

シニア世代にいろいろな問題が降りかかってくるこの時代を乗り切るには、お金を増やすことだけに気を揉まないこと。生きがいを見つけて楽しく明るく健康に、仕事や趣味、ボランティア活動にと毎日忙しく奔走し、また本物のマニア専門家と長くつき合える関係を築くことが、最大の資産防御だと考えます。

せっかく長い第二の人生、楽しまなければもったいない。本書がその一助となれば幸いです。

福岡武彦

問い合わせ先

株式会社ライフエレメンツ
https://life-elements.co.jp

◆◆◆

100年ライブイルミネーター
https://liveto100.jp

E-mail:promo99@life-elements.co.jp

長尾義弘
Nagao Yoshihiro

ファイナンシャルプランナー、AFP、日本年金学会会員。お金のしくみ、保険のカラクリについての得する情報を発信している。徳島県生まれ。大学卒業後出版社に勤務。いくつかの出版社の編集部を経て、1997年に「NEO企画」を設立。出版プロデューサーとして数々のベストセラーを生みだす。著書には『最新版 保険はこの5つから選びなさい』『かんたん! 書き込み式 保険払いすぎ見直しBOOK』『老後資金は貯めるな！』(小社刊)、『コワ〜い保険の話』(宝島社)、『保険ぎらいは本当は正しい』(SBクリエイティブ)が、監修には『定年前後の手続きガイド』(宝島社)、年度版シリーズ『よい保険・悪い保険』などがある。
http://neo.my.coocan.jp/nagao/

福岡武彦
Fukuoka Takehiko

1960年生まれ。株式会社ライフエレメンツ代表取締役。税理士。大前研一氏が設立した起業家・アントレプレナー育成学校アタッカーズ・ビジネススクールを経て、以来30年以上にわたってアントレプレナー支援、インバウンド税務会計に携わっている。大手監査法人KPMGの金融・国際取引税務部、米国海外勤務、外資金融企業勤務を経て三聖トラスト会計事務所を設立。法人向けサービスとして、各分野の辛口の専門家をタレント化するプロダクション部を設ける。また、福利厚生や社員研修の一環として、オンデマンド研修、ビデオコンテンツ制作等をおこなうWEBライブイルミネーター事業を展開している。

定年の教科書

2021年1月20日　初版印刷
2021年1月30日　初版発行

著者　長尾義弘・福岡武彦

企画・編集　株式会社夢の設計社
〒162-0801 東京都新宿区山吹町261
電話(03)3267-7851(編集)

発行者　小野寺優
発行所　株式会社河出書房新社
〒151-0051 東京都渋谷区千駄ヶ谷2-32-2
電話(03)3404-1201(営業)
http://www.kawade.co.jp/

DTP　NEO企画
印刷・製本　中央精版印刷株式会社

Printed in Japan ISBN978-4-309-28858-1